LUCRO
A PARTIR DO
CORE BUSINESS

CHRIS ZOOK

COM JAMES ALLEN

BAIN & COMPANY INC.

LUCRO
A PARTIR DO
CORE BUSINESS

COMO RETOMAR O CRESCIMENTO
EM TEMPOS INCERTOS

SEGUNDA EDIÇÃO

Tradução
Sabine Höller

ALTA BOOKS
EDITORA
Rio de Janeiro, 2019

BAIN & COMPANY

Editoração Eletrônica
Estúdio Castellani

Revisão
Andréa Campos Bivar e Jussara Bivar

Produção Editorial
Elsevier Editora - CNPJ: 42.546.531./0001-24

CIP-Brasil. Catalogação na fonte
Sindicato Nacional dos Editores de Livros, RJ

Z78a 2.ed.	Zook, Chris, 1951 - Lucro a partir do core business : como retomar o crescimento em tempos incertos / Chris Zook ; com James Allen ; tradução Sabine Höller. – 2.ed. – Rio de Janeiro : Alta Books, 2019.
	Tradução de: Profit from the core : a return to growth in turbulent times (Rev. ed.) ISBN 978-85-508-0990-8
	1. Sociedades comerciais – Crescimento. 2. Administração de empresas. 3. Sociedades comerciais – Lucros. I. Allen, James, 1960-. II. Título.
10-1561.	CDD 658.155 CDU: 658.155

Rua Viúva Cláudio, 291 — Bairro Industrial do Jacaré
CEP: 20970-031 — Rio de Janeiro - RJ
Tels.: (21) 3278-8069 / 3278-8419
www.altabooks.com.br — altabooks@altabooks.com.br
www.facebook.com/altabooks

ALTA BOOKS
EDITORA

ASSOCIADO

Os Autores

CHRIS ZOOK é diretor da Bain & Company, uma empresa de consultoria estratégica empresarial global. Zook lidera a prática de Estratégia Global da empresa. Em seu trabalho junto aos clientes, ele se dedica a explorar como as empresas encontram sua próxima onda de crescimento com lucratividade. Escreveu uma extensa série de artigos e livros sobre o tema, além de ser um palestrante frequente em fóruns globais, como o Fórum Econômico Mundial em Davos, e foi nomeado pelo *Times* de Londres um dos 50 pensadores mais influentes do mundo na área dos negócios. Zook atualmente divide seu tempo entre suas residências em Boston e Amsterdã.

JAMES ALLEN é sócio sênior da Bain & Company e colíder da prática de Estratégia Global da Bain. Faz parte do Conselho de Administração da Bain e já fez parte do seu Comitê de Gestão e Comitê de Nomeações. Fundou a prática de Estratégia de Clientes da Bain e proferiu várias palestras sobre "O Consumidor de 2020". Também é palestrante frequente no Fórum Econômico Mundial de Davos. Com mais de 20 anos de experiência em consultoria, Allen trabalhou com várias multinacionais nos segmentos de bens de consumo, óleo e gás, tecnologia, telecomunicações e saúde, entre outros. Allen aconselha seus clientes sobre o desenvolvimento de estratégias globais de crescimento, estratégias de entrada em mercados emergentes, estratégias de turnover e estratégias para inovação sustentável, e escreve sobre tais assuntos e outros temas para as principais publicações da área de negócios, como a *Harvard Business Review*.

Agradecimentos

Nossa primeira dívida de gratidão é para com os clientes da Bain & Company, que nos permitiram participar de seu cotidiano nas linhas de frente de alguns dos mais dinâmicos e desafiadores campos de batalha empresariais. É a esses executivos dedicados e inteligentes, à frente de tarefas que parecem impossíveis, que dedicamos este livro.

Agradecemos também aos nossos parceiros na Bain & Company. Embora o livro tenha sido escrito em nosso tempo livre, os dados, contatos com clientes, casos e infraestrutura de apoio são todos da Bain. Nossa primeira versão desses agradecimentos, que incluía o nome de cada pessoa que contribuiu com casos, conselhos ou ideias, resultou em mais de 80 indivíduos. Assim, desistimos da ideia da lista pormenorizada e optamos por este profundo e sincero obrigado.

Somos particularmente gratos a Tom Tierney, ex-diretor presidente da Bain, que nos incentivou desde o início a escrever este livro. Steve Schaubert, nosso orientador e diretor sênior da Bain, foi um dos primeiros a sugerir este projeto e nossa constante fonte de inspiração. Steve lia cada rascunho e, em resposta, nos deixava mensagens de voz abrangentes e profundas no dia seguinte. Darrell Rigby foi o copiloto durante todo o projeto. Ele nos incentivou a escrever o livro, contribuindo com ideias, materiais, contatos, sabedoria e amizade.

A Bain Capital, e principalmente Mitt Romney e Steve Pagliuca, mostraram generosidade em compartilhar seus conhecimentos e colocar à nossa disposição estudos de casos de sua experiência com investimentos.

Eu também gostaria de estender meus agradecimentos a Phebo Wibbens, brilhante consultor em Amsterdã, por ter me ajudado com a atualização dos principais dados nesta edição revisada. Marci Taylor retornou para me ajudar com a atualização dos exemplos, como fez com a edição anterior. Ela acrescentou insights, precisão e inspiração sempre que necessários. Maggie Locher e Paul Judge foram magistrais ao conduzir o projeto editorial, ajudando a unir todas as pontas na fase final. Fui abençoado por ter pessoas sensacionais com quem trabalhar na Bain, sem as quais este projeto não teria sido possível.

Além disso, fomos abençoados com excelentes assistentes de pesquisa que nos auxiliaram em partes específicas do trabalho. Tanya Lipiainen reuniu e administrou o banco de dados de 8.400 empresas, respondendo pacientemente sempre que solicitávamos "mais uma análise". Murthy Nukala e Aditya Joshi foram os primeiros assessores de pesquisa a nos ajudar com algumas análises originais que estimularam o projeto.

Brenda Davis digitou grande parte do texto original, fez sugestões editoriais, proporcionou aconselhamento psicológico e foi a assistente perfeita em tudo.

Nossas editoras na Harvard Business School Press, Melinda Adams Merino, Barbara Roth, Sylvia Weedman e Marjorie Williams, deram-nos inspiração quando necessário e nos guiaram pacientemente durante nossa primeira tentativa de escrever um livro. Obrigado. Além disso, agradecemos a Walter Kiechel que há vários anos nos incentivou a escrever um livro sobre crescimento, quando assistiu pela primeira vez à nossa apresentação na Bain.

Gostaríamos de agradecer à Donna, esposa de Chris, que cedeu a mesa na sala de jantar como nosso "ponto de partida" para a fase mais intensa da escrita, o que também incomodou, de certa forma, nossas maravilhosas famílias.

Finalmente, Chris agradece a seu pai, Nicholas Zook, jornalista e escritor, por tentar pacientemente ensinar seu filho a escrever – talvez a tarefa mais árdua de todas.

Prefácio

A crise financeira global e o caminho acidentado rumo à recuperação recolocaram o poder do core business das empresas sob um olhar mais atento. Como se fosse um desejo coletivo de autodestruição comercial, os valores do mercado global aumentaram 20% (em dólares) em 2007, alcançando US$61 trilhões no final do ano. Em apenas cinco anos, US$38 trilhões aparentemente foram criados nos mercados acionários – mais valor em termos de capitalização de mercado do que as bolsas haviam registrado em toda a sua história.

Mas de onde veio todo esse dinheiro? Em alguns casos, como constatamos, não dos lugares certos. Crises de core surgiram em todos os lugares. A AIG, exemplo emblemático do colapso financeiro, explicou que seu erro foi ter se desviado demais de seu "core" de produtos de seguros, e ter se apaixonado pela intromissão sedutora dos papéis complexos com hedge. Quando o Citibank uniu-se à seguradora Travelers, a transação foi saudada pelo CEO Sandy Weill como "o modelo de instituição financeira do futuro". Porém, lá estava o Citi em 2009, despencando de valor até quase chegar a zero, sem ter criado valor econômico algum (antes da crise).

Essas "crises do core" são uma epidemia, e não apenas nos serviços financeiros. A falência da General Motors em junho de 2009 foi anunciada com antecedência por sua inacreditável perda de participação de mercado, de 44% em 1983 para apenas 22% em 2009, em seu core de veículos leves no mercado norte-americano. Contudo, nas últimas décadas, a GM estava investindo para entrar em negócios que abrangiam desde robótica até consultoria de TI (EDS), enquanto sua rival, Toyota, estava se concentrando em automatização para atacar o core da GM nos Estados Unidos. Outro exemplo é a Kodak, a empresa que em 1996 dominava o segmento de fotografia. Desde aquela época, a Kodak viu o preço de suas ações despencar 97%, com um nível de capitalização de mercado no início de 2009 de apenas US$700 milhões para aquele core business tão representativo.

Durante uma única semana em 2008, os índices globais tiveram uma queda de US$8 trilhões, o mesmo que nos primeiros 18 meses do estouro da bolha de Internet. Na verdade, já vimos um cenário assim – ou algo parecido com ele – antes. Em 1999, alimentados pela euforia dos investidores, o valor das ações em todos os mercados mundiais foi além do recorde mundial de expansão. Naquele ano, o valor total dos papéis negociados aumentou em US$10 trilhões, uma soma impressionante na época, elevando a valorização global para US$35 trilhões.

Foi naqueles dias impetuosos, no auge da bolha de Internet, que *Lucro a partir do core business* foi publicado pela primeira vez em 2001. Quando a bolha estourou, US$12 trilhões de valor de mercado evaporaram-se rapidamente. "Foco no seu core" tornou-se a expressão da época, e o livro foi adotado por muitos gestores, que o usaram como um teste de Rorschach para se perguntarem se haviam ido longe demais e se perdido no ciberespaço, e talvez perdido de vista seu ponto forte – seu core verdadeiro. Mesmo a Intel, uma das empresas mais focadas e sofisticadas do mundo, estava lutando para se recuperar de uma crise no core, após ter redirecionado fluxos de caixa e atenção consideráveis em mais de 150 investimentos relacionados com o mundo ponto-com e permitindo que concorrentes históricos derrotados como a Advanced Micro Devices voltassem ao jogo. Andy Grove, ex-CEO da Intel, recomendou que o livro fosse lido por seus gestores, e as ideias sobre o foco estratégico no *Lucro a partir do core business* se tornaram um elemento central das discussões internas sobre estratégia.

Lucro a partir do core business era um hino que pedia sobriedade empresarial em uma época em que "valia tudo". Ele relatava uma infinidade de exemplos de empresas que perderam o foco daquilo em que eram realmente boas, se afastaram de seus pontos fortes e permitiram que sua verdadeira vantagem competitiva ruísse no processo.

Nossa análise e estudos de caso mostram que a maioria das empresas com desempenho verdadeiramente sustentável compartilhavam um foco extraordinário em seu core, *economics* de liderança para reinvestir no core, uma base de clientes excepcionalmente fiel e um modelo bem definido e repetível para estender o core.

Nos últimos anos, conforme a recessão se anunciava, começamos a encontrar um número cada vez maior de empresas imaginando se precisavam voltar a focar no seu core. A preocupação compartilhada acelerou-se significativamente à medida que as equipes de gestão reconheceram a necessidade de uma plataforma mais focada para servir de alicerce ao crescimento após a crise financeira. A resposta para a maioria das empresas está em um foco renovado no core. Considere os seguintes resultados de nossa análise:

- Durante as crises, os "cores fracos" (seguidores) são quem absorve os choques do sistema, revelando oscilações de margem equivalentes a duas a cinco vezes as do líder – um passivo oculto por alimentar cores fracos em excesso. Isso apresenta às empresas com cores fortes e focados uma oportunidade de tirar proveito de tais pontos fracos.
- Desde o início da crise financeira, estimamos que os seguidores no mercado viram o seu valor cair duas vezes mais do que os líderes – o que traz oportunidades de aquisição para os líderes.
- Cerca de metade dos lucros no mundo em 2007 vieram de seis segmentos principais – e todos estão passando por mudanças fundamentais em seus modelos de core business que vão muito além dos investimentos normais em negócios. Em um mundo com lucros muito menores, principalmente para os core businesses fracos, o futuro pertence aos líderes inteligentes que investem em seus cores.

Em meio a esse contexto de desafios e oportunidades únicos em uma geração, a ideia de uma edição revisada de *Lucro a partir do core business* começou a ganhar corpo. Os princípios e constatações do livro parecem ter relevância ainda maior levando-se em conta a turbulência estrutural nos negócios que o mundo enfrenta atualmente:

- O crescimento sustentável e com lucratividade exige um core forte e bem definido.
- A maioria das empresas com crescimento sustentável e lucrativo tem posições de liderança em seus cores que compõem o epicentro de suas estratégias.

- A regra número um da estratégia é desencorajar os concorrentes a investir em seu core.
- Constatamos que a maior fonte de erro estratégico provém de um entendimento incorreto do core e de seu pleno potencial.
- Cores fortes geralmente contêm ativos ocultos que se tornam as fontes de nova onda de crescimento – o tema de meu livro mais recente, *Ativos ocultos*.[1]
- A chave para o crescimento sustentável e com lucratividade é encontrar uma fórmula repetível que empregue os pontos fortes mais poderosos e diferenciados em seu core e os aplica em uma série de novos mercados "adjacentes".

Com o objetivo de tornar esta edição revisada de *Lucro a partir do core business* um guia útil para a busca do crescimento sustentável, atualizamos os principais exemplos, acrescentamos exemplos novos e apresentamos as lições aprendidas de uma maneira que as equipes de gestão possam usar como ferramenta para refletir sobre o rumo futuro na economia atual. Condições turbulentas criam confusão e fronteiras difusas, menos tempo para reagir, menor tolerância ao erro e geralmente menos recursos. Entretanto, também criam oportunidades únicas para fortalecer e expandir cores fortes, e até para investir na remodelagem da estrutura de nosso segmento antes dos concorrentes.

Esperamos que você goste do livro e tenha sucesso com as ideias que ele apresenta.

Sumário

1

A Busca Ansiosa pelo Crescimento

Em um mundo de cenários econômicos turbulentos e recursos escassos, você fica imaginando de onde virá sua próxima fonte de crescimento com rentabilidade? Talvez o seu segmento esteja mudando de uma maneira que faz você imaginar se não seria o momento de redefinir o modelo de negócios que tem sido produtivo por tanto tempo. Talvez seus recursos estejam todos no limite e você esteja lutando com vários concorrentes em várias frentes. Ou então, você perceba que seu core business tenha um potencial inexplorado de crescimento lucrativo, mas não sabe determinar onde se encontra este potencial.

Se sua empresa está em qualquer dessas situações, os resultados deste livro irão surpreendê-lo e interessá-lo. A questão mais importante enfrentada por todas as equipes de gestão é como obter a rentabilidade no longo prazo. Hoje, as chances de vitória no jogo do crescimento de longo prazo são mais remotas do que nunca. Muitos gestores precisam reconsiderar qual é o seu verdadeiro foco, e talvez até redescobri-lo. Vejamos como as regras do jogo mudaram:

- Os investidores estão dando aos administradores e seus times menos tempo do que nunca para que eles provem sua competência. Por exemplo, os acionistas estão comprando e vendendo ações cinco vezes mais do que há algumas décadas, exigindo não apenas crescimento, mas crescimento a cada trimestre.

- Mesmo nos momentos mais prósperos, nossa análise mostra que nove entre dez administradores não conseguem alcançar o crescimento lucrativo de suas empresas. Frente às expectativas dos investidores de crescimento trimestral contínuo, 99% dos administradores e seus times não atenderão às expectativas dos acionistas.

- Os acionistas toleram cada vez menos as falhas. Entre 1999 e 2006, o tempo médio no cargo dos CEOs norte-americanos que deixavam suas posições caiu de 10 anos para apenas 8. Um estudo feito com os CEOs norte-americanos que deixavam seus cargos constatou que os 40% que tinham passado o menor período no cargo haviam permanecido em média menos de dois anos em seus empregos. A metade inferior do grupo de CEOs permaneceu no cargo por apenas oito meses.

As regras do jogo estão mudando continuamente. Como demonstraremos posteriormente neste livro, a turbulência nos setores triplicou nas últimas décadas. Dois terços das empresas e mais de 50% dos lucros (fontes para novos investimentos) no mundo estão em segmentos turbulentos, como telecomunicações, mídia, jornais, empresas aéreas e automotivo.

Portanto, não é de se surpreender que participantes desse jogo difícil de se jogar, e ainda mais de se ganhar, estejam agora bastante receptivos ao discurso dos sábios que sugerem estratégias enganosamente simples (e consistentemente incorretas) para vencer um jogo extremamente complexo e multifacetado. O canto da sereia seduz com seu apelo revolucionário: "livre-se do passado, deixe para trás o core business tradicional e vá atrás da terra prometida". Às vezes aquele conselho leva ao caminho certo. Porém, como mostramos neste livro e demonstramos com exemplos e dados empíricos abrangentes, em geral o conselho *não resolve* o problema principal e pode até mesmo agravar a causa real por trás da falta de crescimento lucrativo. Como os antigos marinheiros da *Ilíada,* os gestores que escutam o canto da sereia do crescimento passam por breves períodos de euforia, mas quando finalmente despertam para a realidade, percebem que estão navegando diretamente para os bancos de areia.

Além disso, durante e após a crise econômica mundial que começou em 2007, os negócios mais frágeis estão absorvendo os impactos do sistema.

Tais negócios enfrentam oscilações mais bruscas em suas margens e queda no seu valor do que os negócios que são líderes, e estão arriscados a perder tudo. Em épocas assim, é essencial que as equipes de gestão compreendam o seu core business e lembrem-se de que, quando se trata de estratégia e aplicação de esforços no negócio, são a escolha e a profundidade do foco – e não a amplitude e rapidez da expansão – que conduzem ao crescimento sustentável e com rentabilidade.

Verificamos que a chave para revelar fontes ocultas de crescimento e lucros está em não abandonar o core business, mas sim em focá-lo com vigor renovado e um nível mais profundo de criatividade. Também verificamos que quase sempre as empresas de maior êxito são as que correm maior risco de sucumbirem ao canto da sereia. Ironicamente, os resultados de nossa pesquisa mostram que as equipes de gestão por trás dos core businesses mais sólidos são as que mais subestimam seu pleno potencial econômico. Consideremos os seguintes exemplos de quatro empresas que se afastaram de seu core business na busca de resultados mais atraentes.

Caso 1: Bausch & Lomb

A Bausch & Lomb iniciou suas atividades no setor oftalmológico em 1853, quando o imigrante alemão Jacob Bausch abriu a pequena loja em Rochester, estado de Nova York, para vender produtos oftalmológicos europeus importados. Durante os 120 anos seguintes, a empresa se desenvolveu lenta e cautelosamente, passo a passo, como o trabalho meticuloso dos oftalmologistas que ela atendia. Em 1973, a Bausch & Lomb havia atingido US$235 milhões em vendas, tornando-se a líder nos setores de lentes e instrumentos.

Então tudo mudou. Em meados da década de 1970, a Bausch & Lomb obteve de um cientista checo autônomo as patentes para *moldagem por centrifugação,* processo para fabricação de lentes de contato gelatinosas (hidrofílicas). O processo não apenas produzia lentes mais confortáveis do que as encontradas no mercado, mas apresentava custo menor. Na época, o procedimento padronizado para fabricar lentes era torneá-las a partir de um botão de plástico duro. Com a moldagem por centrifugação, uma gota de polímero é centrifugada em um prato de moldagem e então estabilizada sob luz ultravioleta para fabricação das lentes. As lentes são "gelatinosas" porque o polímero líquido estabilizado é mais macio e flexível do que o plástico rígido usado no torneamento. Essas lentes são mais saudáveis para os olhos e mais fáceis de serem adaptadas pelo oftalmologista. Sua fabricação permite ainda maior produtividade na cadeia de valor, do fabricante até o usuário final.

As lentes de contato gelatinosas foram uma daquelas inovações que inauguram e transformam a dinâmica competitiva e o tamanho do mercado em qualquer setor. Até meados da década de 1980, a Bausch & Lomb desenvolveu e colocou em prática uma estratégia brilhante, expulsando do mercado um concorrente após o outro e fazendo com que outros, presos a métodos caríssimos de torneamento, saíssem desse segmento de mercado. A participação da empresa no mercado com as novas lentes aumentou para 40%, várias vezes maior do que a dos concorrentes mais próximos, American Hydron e Coopervision. A Bausch & Lomb continuou a investir no negócio, comprando o maior fabricante de lentes gás-permeáveis, Polymer Technologies, para complementar sua linha de produtos. A empresa se tornou a queridinha de Wall Street, tendo um desempenho 200% superior ao do mercado durante o período, com relatórios de lucros altos, crescentes e homogêneos.

Logo, quando os concorrentes começaram a atacar sua posição com novas tecnologias como moldagem por fundição (também um método de baixo custo), a Bausch & Lomb começou a dispersar a atenção dada ao seu core business, gastando o fluxo de caixa proveniente do negócio de lentes em novas áreas. "O core business está se deteriorando, as margens terão o mesmo destino quando os concorrentes chegarem. Utilize o caixa disponível para encontrar novas fontes de crescimento", cantavam as sereias. A empresa investiu em produtos vendidos por outros profissionais da área de saúde, tais como escovas de dente elétricas, pomadas dermatológicas e aparelhos de surdez, mas não estabeleceu relações claras entre esses novos produtos e seu core business, as lentes.

Lenta e persistentemente, com recursos e gestão distraídos para outros empreendimentos, a atividade de lentes de contato da Bausch & Lomb diminuiu. As ações que haviam subido de US\$3 em 1973 para US\$56 em 1991 caíram para menos de US\$33 em 2003. Além disso, a Johnson & Johnson entrou no setor de lentes de contato investindo pesadamente em uma nova aquisição, Vistakon, e em um produto inovador: lentes descartáveis. Naturalmente, as lentes descartáveis não eram muito diferentes das lentes comuns, exceto pelo fato de serem vendidas por um preço menor e em embalagens com 12 ou 24 pares. Quem melhor para introduzir este produto no mercado do que a outrora líder em tecnologia e custos, Bausch & Lomb? No entanto, sua participação no mercado caiu para 16%, colocando-a em terceiro lugar, atrás da Johnson & Johnson e Ciba Vision.

Ao desperdiçar seu ponto forte, a Bausch & Lomb praticamente nunca conseguiu se recuperar. Em 2006, a empresa promoveu um recall de um de seus principais produtos para cuidados com os olhos. No ano seguinte, a Bausch & Lomb sofreu 344 ações indenizatórias. As vendas despencaram novamente, fato que levou um analista do J. P. Morgan a comentar: "Os retornos em todos os negócios da Bausch & Lomb são sofríveis e visivelmente abaixo das médias dos concorrentes." Em maio de 2007, quando a Warburg Pincus concordou em adquirir a empresa por US$4,5 bilhões, a Bausch & Lomb havia retomado completamente seu foco na linha de cuidados oftalmológicos, mas concorria com competidores solidamente financiados, como Alcon, Johnson & Johnson e Novartis. Se a empresa não tivesse perdido seu foco no core business, as coisas provavelmente não teriam terminado dessa maneira.[1]

Caso 2: Amazon.com

A Amazon.com começou como um exemplo típico de empresa da era da Internet, e acabou se tornando um dos poucos exemplos duradouros dessa época. A maioria dos negócios ponto-com iniciados durante os anos impetuosos da bolha da Internet não sobreviveu. Porém, alguns deles, como o eBay e a Amazon.com, conseguiram vencer o desafio duplo de manter o foco mesmo quando enfrentaram pressões para se adaptarem e redefinirem o seu core business.

A empresa começou em 1995 com a venda on-line de um produto com canal de distribuição múltiplo, famoso por sua ineficiência: livros. A livraria off-line comum devolve para as editoras mais de 40% dos livros que aparecem em suas prateleiras. As razões para devoluções tão altas são a impossibilidade de se prever que títulos vão virar best-sellers e a necessidade de estocar "livros-padrão" em lotes inúteis de dois ou três. O modelo da Amazon evita essa ineficácia, centralizando a distribuição e obtendo imediatamente o dinheiro do consumidor, muitas vezes antes de a editora precisar receber seu pagamento. Além disso, Jeff Bezos, fundador e CEO da Amazon, reconheceu que a empresa tem potencial de ser mais do que apenas um canal de baixo custo para compra de livros. Com a introdução de resenhas de livros escritas por consumidores, a Amazon se transformou em comunidade on-line onde os consumidores podem expressar sua opinião sobre os livros que estão comprando. Devido à força deste modelo empresarial, seu valor de mercado subiu para mais de US$30 bilhões em 1999 com US$500 milhões em faturamento. Durante este período, a Amazon assumiu mais riscos, tentando se tornar o que Bezos chama de "o lugar onde é possível comprar qualquer coisa".

De repente, a empresa não mais se limitava a lidar apenas com a cadeia de valor ineficaz, de múltiplas etapas, do vendedor de livros (e, posteriormente, das lojas de vídeo). Ela começou a competir com o Wal-Mart e Home Depot, passando de uma hora para outra a oferecer ferramentas elétricas, produtos eletrônicos, móveis para jardim e até cosméticos. No ano 2000, as perdas acumuladas haviam chegado a US$1,2 bilhão, e o nervosismo dos investidores era alto, refletido na queda de 70% no preço de suas ações.

Contudo, ao contrário da Bausch & Lomb, a Amazon apostou naquele período de turbulência na visão de que seu "core do core" era ainda mais convincente do que o seu próprio modelo de negócios original. O seu software on-line exclusivo – o motor comercial da empresa – provou ser muito mais do que um novo modelo de negócios para vender livros. Em 2008, a empresa registrou faturamento de US$19,2 bilhões, e 23% de retorno sobre o capital investido. Apesar de a área de mídia (livros, filmes, música) ainda representar 58% altamente lucrativos de seu faturamento, outras áreas também cresceram. Mais do que isso, um olhar mais atento revela que 30% das vendas totais da Amazon provêm de seu negócio de vendedores terceirizados.

A jornada da Amazon conduziu-a a um core sólido e estável, apesar dos perigos que ela teve que enfrentar ao longo do caminho. Nas palavras de Jeff Bezos: "É bom fundamentar sua estratégia em coisas que não vão mudar. Quase nunca me perguntam: 'O que não vai mudar nos próximos 5 a 10 anos?' Na Amazon.com estamos sempre querendo saber a resposta para essa pergunta."[2]

Caso 3: Cooke Optics

A Cooke Optics foi fundada na Inglaterra em 1890 com a finalidade de criar lentes fotográficas da mais alta qualidade, um mercado novo e próspero naquela época. Logo tornou-se o padrão no setor, e a máquina fotográfica que o explorador Sir Ernest Shackleton e sua equipe levaram ao Polo Sul em 1907 possuía lentes Cooke. Durante a Primeira Guerra Mundial, as lentes Cooke foram fundamentais para fotografias aéreas de alta resolução e o advento do cinema mudo as colocou na frente de muitas câmeras nos principais estúdios cinematográficos. À medida que a pequena empresa crescia, expandiu-se em lentes zoom especiais e até sem zoom de altíssima qualidade. Em 1946, a Cooke foi vendida ao Rank Group, empresa que não possuía ativos relacionados ou interesse na preservação da imagem de qualidade da Cooke. Nas décadas que se seguiram, a Rank se envolveu com estúdios de pós-produção, resorts e cassinos, deixando a Cooke em último lugar quando a questão era receber atenção da administração ou recursos para investimentos, o que levou à sua estagnação. Ao comparar essas circunstâncias com a orgulhosa história da empresa, um funcionário com 37 anos de casa lamentou: "O local estava tão abandonado que caíam penas de gaivotas pelos buracos no telhado."[3] A empresa foi finalmente recuperada em 1998 por Les Zallan, especialista em iluminação de teatros, que ficou de olho na Cooke durante décadas, observando a erosão de seu core business, outrora tão valioso. Em 1998, ele aproveitou a chance que teve e adquiriu a Cooke por apenas US$3 milhões. Desde então, o core business, lentes, negligenciado durante quase cinco décadas, renasceu com uma nova lente com altíssima tecnologia de foco, que logo obteve grande êxito, sendo utilizada na filmagem de alguns recentes sucessos de bilheteria como *Hairspray*, três filmes da série Harry Potter (*O prisioneiro de Azkaban, O cálice de fogo, O enigma do príncipe)* e a *Supremacia Bourne*, e séries de sucesso na TV como *Bones* e *Grey's anatomy*. O sucesso e crescimento contínuos da empresa mostram o potencial de lucrar com um core que já foi forte, e de renová-lo.

Caso 4: Gartner Group

O Gartner Group foi fundado em 1979 por Gideon Gartner, analista de ações na corretora de títulos e valores mobiliários da Oppenheimer que se especializou em acompanhar a IBM e seus poucos concorrentes naquela época. Seu objetivo original era vender informações sobre a IBM para banqueiros de investimentos e corretores de ações. Logo após a fundação da empresa, seu foco foi ampliado para auxiliar clientes na escolha de equipamentos ou orientar clientes que iniciavam negociações de hardware com a IBM. No promissor mercado corporativo para computadores, a necessidade do cliente era enorme e Gartner se concentrou apenas em se tornar, de certa forma, um centro de referência para juntar dados de clientes e opiniões especializadas sobre produtos.

A Saatchi & Saatchi adquiriu a empresa em meados da década de 1980 como parte de sua tentativa de unificar serviços de consultoria e publicidade em uma única empresa – uma estratégia de crescimento concebida erroneamente que logo implodiu. A Saatchi se decepcionou com a consultoria em 1989 e vendeu a Gartner para a Bain Capital, empresa de private equity especializada em comprar ativos corporativos mal gerenciados ou não core.

A Bain Capital comprou por US$60 milhões uma empresa que crescia cerca de 15% ao ano, obtivera US$55 milhões em receita e apresentava margens de apenas 10%, uma decepção para sua ex-controladora. Porém, a Bain Capital viu algo mais no Gartner Group do que a pequena empresa de consultoria com margens reduzidas. Quanto mais os gestores da Bain estudavam o core business da empresa, mais acreditavam em seu potencial de crescimento e aumento da margem, desde que ela fosse percebida não como empresa de consultoria, mas sim como veículo para coleta, armazenamento e distribuição de dados de alto valor.

Sob o controle da Bain Capital, o Gartner se concentrou novamente em se tornar centro de referência para fornecer respostas para seus clientes e ser um corretor honesto que desse conselhos sobre aquisição de hardware e software. Sua crescente base de assinantes lhe garantiu acesso exclusivo a milhares de empresas cujos gestores estavam dispostos a registrar suas experiências com compra e instalação de sistemas de TI. Os departamentos de TI das empresas não precisavam mais solicitar onerosos estudos de consultoria externa para obtenção de dados objetivos; podiam confiar nos estudos do Gartner, que eram mais baratos e atualizados do que os seus. O Gartner construiu fortes barreiras contra a imitação por meio de sua base de assinantes e seu banco de benchmarks que lhe permitiram expandir suas margens de 10% para 30%.

A Bain utilizou uma estratégia de expansão em três etapas para a Gartner:

1. Transformá-lo em empresa de pesquisa e dados com modelo muito mais escalonável do que uma consultoria.
2. Expandir geograficamente além da alta concentração de clientes na Costa Leste dos Estados Unidos, indo para a Costa Oeste e Europa com incremento do pessoal comercial.
3. Aprofundar a linha de produtos nos mercados de aplicativos mais alavancados, verticais e focados na indústria.

A estratégia sugerida para visualizar o core business original da empresa de maneira renovada teve êxito. A empresa cresceu o faturamento de US$55 milhões em 1980 para US$295 milhões em 1995 sob o controle da Bain e para US$734 milhões em 1999 como empresa de capital aberto. Durante esse período, o Gartner solidificou seu core business. A Bain Capital vendeu a empresa para a Dun & Bradstreet por aproximadamente 20 vezes o retorno sobre seu patrimônio, e a Dun & Bradstreet subsequentemente a vendeu em oferta pública inicial por 20 vezes mais. Dez anos depois, em 2008, o Gartner continuou seguindo sua trajetória de crescimento, alcançando uma participação de 40% no mercado de pesquisas em TI (quatro vezes mais que o concorrente mais próximo), US$1,3 bilhão em faturamento e US$213 milhões em lucro antes de juros e impostos – crescendo a uma taxa de saudáveis 12% anuais ao longo do período.

O que impressiona nesta história de crescimento, além do retorno 400 vezes maior sobre o patrimônio investido, é que os novos proprietários apresentaram outra abordagem para o core business da empresa, enxergando-a como empresa de pesquisa e dados corporativos e não como consultoria. A capacidade de ver o core business de maneira criativa em uma nova perspectiva e trabalhar nesse sentido é um tema sobre o qual falaremos no decorrer deste livro.

Nossa Missão

Em cada um dos casos citados, e centenas de outros que examinamos, vemos a tendência de core businesses sólidos perderem a capacidade de desenvolvimento sustentável em virtude de seu abandono prematuro, erros de cálculo ou ações exageradas em busca de crescimento adicional. Nossa intenção neste livro não é sugerir que temos a solução adequada para todos os problemas relacionados ao crescimento. Ao contrário, achamos que muitos dos remédios comumente prescritos na literatura empresarial popular precisam ser ponderados em relação à evidência de experiências empresariais reais. O que oferecemos é um conjunto de princípios práticos e comprovados, testes para diagnósticos e perguntas a serem usadas pelas equipes de gestão como ferramentas para reexaminar ou revisar suas estratégias em busca da próxima onda de crescimento lucrativo. Em nossa busca para entender a dinâmica do crescimento, tomamos como base os seguintes fatos:

- Cerca de 200 estudos de caso na Bain & Company e em fontes públicas.
- Entrevistas e debates com cerca de 100 executivos da alta gestão.
- Banco de dados de 1854 empresas de capital aberto em sete países acompanhadas durante 10 anos.
- Inúmeras análises empíricas direcionadas referentes a fontes de crescimento lucrativo.
- Informações de muitas empresas de private equity, incluindo a Bain Capital, que generosamente compartilhou conosco muitos de seus estudos de caso.
- Exame minucioso da literatura existente (citada no livro) e de dados secundários.

A falta de dados empíricos por trás de muitas soluções empresariais do tipo "cura-tudo" levou um distinto professor de Oxford a declarar publicamente que a ciência da administração é "uma falsa disciplina acadêmica, uma crença contemporânea superficial encorajando a hipocrisia perniciosa".[4] Não somos tão céticos. Consideramos a ciência da administração altamente produtiva, mas entendemos também que ela ainda está engatinhando. Mais importante, acreditamos que há alguns princípios duradouros de estratégia empresarial que geram resultados consistentes ano após ano, aplicáveis a vários setores, e que explicam fracassos e êxitos.

Definindo Crescimento Lucrativo

Exploramos muitas definições de crescimento lucrativo e escolhemos uma que contempla várias dimensões. Neste livro, definimos *crescimento sustentado* como crescimento tanto em receitas quanto em lucros, durante um período prolongado de tempo, com retornos totais aos acionistas (preço da ação e reinvestimento de dividendos) que excedem o custo do capital. Empiricamente, pouquíssimas empresas criam valor ao acionista no longo prazo sem ganhar, pelo menos, o equivalente a seu custo de capital.

Quando analisamos os dados, identificamos metas que estavam no nível ou abaixo da maioria das metas de planejamento estratégico que encontramos em pesquisas. As metas são (1) atingir 5,5% de crescimento real (ajustado pela inflação) em receitas e lucros e (2) ganhar pelo menos o equivalente ao seu próprio custo de capital durante 10 anos, em média. Examinamos os dados empresa por empresa para controlar anomalias contábeis e encargos pontuais. Os resultados de nosso monitoramento são mostrados na Figura 1.1, apresentando os percentuais da amostra completa de empresas que atendem ao nosso critério de crescimento de receitas, lucros e criação de valor para o acionista. Mesmo com essas metas relativamente conservadoras e modestas, verificamos que apenas uma empresa a cada oito, ou 12%, atingiu crescimento lucrativo e sustentável (poderia ser classificada como criadora de valor sustentável) durante a década que muitos classificariam dentre as melhores para a economia mundial. Por outro lado, nossa amostra interna de metas de planos estratégicos mostrou que mais de 90% das empresas analisadas visavam retornos bem acima desses níveis.

Quando refinamos os critérios um pouco mais, exigindo 8% de crescimento real (cerca de 11% a 12% de crescimento nominal na maioria dos países pesquisados naquele período), a porcentagem de empresas criadoras de valor sustentável caiu para apenas 9%. Na pesquisa de planos estratégicos, verificamos que a meta de mais de dois terços das empresas analisadas estava no mínimo nesses níveis. Porém, a realidade é que menos de uma em dez a atingiu.

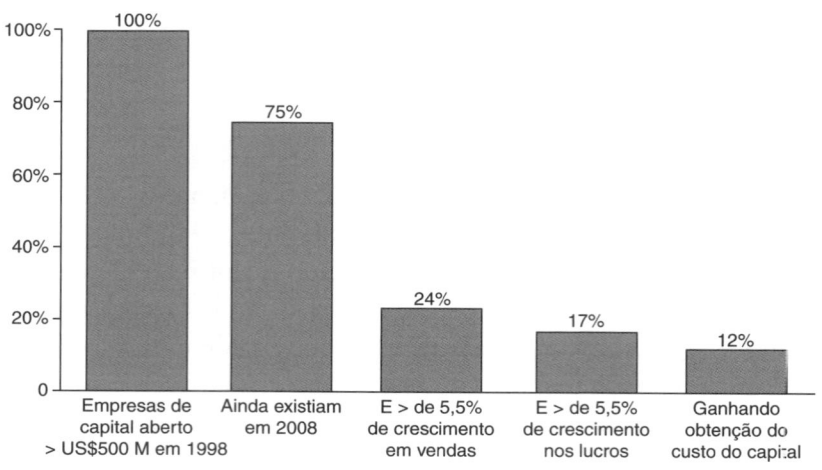

Desempenho em termos de crescimento 1998-2008
Percentual de empresas

1.1 Poucas Empresas Conseguem Desenvolver Estratégias de Crescimento Sustentável

Fonte: Banco de dados Worldscope, análise Bain.

Observação: Obtenção do custo do capital é definida como o retorno total ao acionista acima da média. A taxa exigida de 5,5% crescimento é calculada em termos reais (ou seja, após ser corrigida pela inflação). Análise feita com mais de 2000 empresas em 12 economias desenvolvidas e emergentes.

Verificamos que empresas que aumentavam suas receitas, mas não os lucros, não criavam valor econômico a longo prazo (embora pudessem gerar riqueza ao acionista a curto prazo no mercado de ações). Empresas que aumentavam os lucros, mas não as receitas, estavam no caminho do crescimento insustentável e invariavelmente desapareciam. Empresas que aumentavam lucros e receitas, mas não ganhavam pelo menos seu custo de capital (lembre-se de que nosso período de análise é de 10 anos), perdiam a capacidade de encontrar investidores.[5] Inúmeros trabalhos sobre criação de valor ao investidor sustentam este ponto de vista.

Outras medidas de crescimento lucrativo que analisamos são dignas de serem mencionadas, juntamente com suas limitações específicas. O aumento do preço das ações (ajustado para desmembramentos) é muito simples, mas pode ser manipulado pela política de pagamento de dividendos da empresa ou programas de recompra de ações que, no curto prazo, têm apenas uma relação indireta com o desempenho operacional ou financeiro.

O crescimento total do valor de mercado da empresa é melhor. No entanto, também é possível aumentar o valor de mercado total por meio de fusões que nem aumentam os lucros nem criam uma trajetória sustentável de crescimento. Além disso, reunir várias empresas com baixo desempenho para criar uma nova não fazia parte do nosso projeto.

A participação no valor ou nos lucros totais da indústria é uma métrica interessante do sucesso competitivo relativo, mas não leva em consideração níveis absolutos de crescimento ou lucratividade, que talvez estejam em declínio. Além do mais, traz à tona a questão das fronteiras empresariais, o que incluir ou excluir.

O alto retorno total ao acionista é fundamental para o crescimento lucrativo e sustentável. No entanto, a empresa que não crescesse, não possuísse ativos e apresentasse fluxo de caixa positivo teria retornos infinitos. Considerar o retorno na ausência de crescimento é tão limitante no contexto de nosso estudo quanto o inverso, considerar o crescimento na ausência de retorno.

Finalmente, há medidas mais específicas ou exóticas de crescimento lucrativo. Uma delas é a criação de valor ou lucro por funcionário. Porém, esta é função de mão de obra e investimento intensivo em capital e não de crescimento sustentável e com rentabilidade. São medidas interessantes, mas não o que procuramos.

Utilizar a análise de obtenção do custo de capital a longo prazo e aumento das receitas e lucros funcionou bem para nós, embora tenhamos sugerido às equipes de gestão que complementem essa métrica com outras, a curto e longo prazos, ao considerarem seu próprio padrão de crescimento.

Definindo a Atividade Principal da Empresa

Nossa tese neste livro é que a base do crescimento lucrativo e sustentável é a definição clara do core business da empresa, que pode ser feita segundo duas perspectivas. A primeira (de fora para dentro) é o ponto de vista do mundo externo, com fronteiras empresariais naturais estabelecidas pela economia de mercado básica. A segunda (de dentro para fora) é o ponto de vista daqueles dentro da empresa, com as fronteiras empresariais determinadas pelo seu core singular.

Aqui está um exemplo da diferença. A Enterprise Rent-A-Car, Dollar Thrifty e Avis estão obviamente no setor definido por critérios externos como locação de veículos. O negócio compreende a aquisição e manutenção de frotas, administração de centros de reserva automatizados, gerenciamento de uma rede de filiais e atendimento aos clientes que alugam carros para várias finalidades. Dentro desse negócio, no entanto, as três empresas possuem focos diferentes. A Enterprise é a líder em aluguel de veículos para substituição de automóveis para seguradoras e de automóveis em manutenção. Foi nesse segmento específico que a empresa começou, abrindo suas lojas em áreas residenciais e definindo seu modelo de negócios para atender às necessidades de companhias de seguro e oficinas de funilaria e pintura. O core business da Dollar Thrifty são os locatários no seu período de lazer, que não se importam em apanhar o veículo alugado em outros locais e com menos conforto. O core da Avis é a locação de veículos em aeroportos. Ela atende muitos clientes corporativos que exigem atendimento rápido, automóveis mais novos, mais vantagens corporativas e, obviamente, uma extensa rede localizada nos principais aeroportos. Cada uma dessas empresas vê seu core de maneira distinta, e todas estão certas. Porém, elas fazem parte do negócio de locação de veículos que o mundo empresarial considera cada vez mais uma arena competitiva única.

Um exemplo diferente é a Gillette, cujo core business desde sua fundação, há quase 100 anos, são os produtos de barbear. Após atingir participação de mercado igual a 70% em seu core, a Gillette buscou crescimento de maneira não convencional, além dos limites do mercado de produtos de barbear. A empresa redefiniu seu core business em termos de controle e participação nos displays colocados ao lado dos caixas em lojas de varejo, levando-a à expansão para canetas, pilhas Duracell e outros produtos relacionados com distribuição. Não se sabe ainda o sucesso definitivo dessa estratégia, mas é um caso onde a empresa redefiniu seu core business de tal forma que ele não se situa mais dentro das fronteiras externas assinaladas no mapa utilizado pelo restante do mundo empresarial.

Para identificar o core business da empresa, é preciso identificar primeiramente os cinco aspectos seguintes:

1. Seus clientes de maior potencial lucrativo
2. Suas competências mais diferenciadas e estratégicas
3. Suas ofertas de produtos mais críticas
4. Seus canais mais importantes

5. Quaisquer outros ativos estratégicos vitais que contribuem com os mencionados acima (por exemplo, patentes, marca, presença em ponto de controle de uma rede)

Quando iniciamos um projeto de consultoria na Bain, quase sempre perguntamos em primeiro lugar: "Qual é o negócio no qual você concorre?" "Qual são seus core business e fonte de vantagem competitiva em potencial?" As respostas a essas perguntas exigem o entendimento de todas as cinco dimensões citadas anteriormente.

Um artigo do *Wall Street Journal* publicado durante um período de retração econômica anunciava: "Empresas americanas questionam o significado de 'core' business." O artigo foi em frente reconhecendo a complexidade inerente à tarefa, observando: "O enfoque é atual, tanto em Wall Street quanto na diretoria das empresas americanas, e suscita uma questão bastante complexa: o que constitui o core business? Trata-se de um produto? De propriedade intelectual? Processos? Ou é um determinado modelo de negócios que pode ser aplicado em múltiplos setores?"[6] A complexidade só cresceu com o passar do tempo.

Para algumas empresas, tal definição é muito simples; para outras, é complicadíssima. Para todas, é importante que seja a mais clara possível. No caso da Gillette, o core business parecia ser produtos de barbear. Esta parte da atividade da Gillette era seu componente mais lucrativo e de maior expansão em 1910, e continua assim até hoje. Os ativos-chave que constituem essa base incluem algumas áreas de profunda competência como habilidade na fabricação de itens miniaturizados de alta precisão, excelência na tecnologia de manuseio e afiação de lâminas e habilidade na gestão da marca. A Gillette utiliza tais ativos para entrar em vários outros negócios, desde produtos para cuidados com os cabelos (Toni), pequenos aparelhos eletrônicos (Braun), escovas de dente (Oral-B) até pilhas (Duracell). Em alguns casos, como discutiremos posteriormente neste livro, essas expansões tiveram êxito e se basearam na força do core business da Gillette; em outros casos, provaram ser apenas distrações não relacionadas de modo algum com o foco da empresa.

Empresas como Coca-Cola, UPS, Toyota, SAP, Nokia, Wal-Mart e até mesmo a Bain & Company possuem focos relativamente bem definidos que a maioria dos executivos é capaz de entender e utilizar como plataformas para crescimento lucrativo. Em algumas empresas, como a PepsiCo, talvez existam vários cores distintos e diversificados – como por exemplo o refrigerante à base de cola e os petiscos salgados da Frito-Lay.

Porém, para outras empresas como a AOL Time Warner, 3M, General Electric ou Siemens, o core business é muito mais difícil de se definir. Elas são a exceção. Mais que isso, essas empresas altamente complexas ou do tipo conglomerado quase nunca são encontradas entre as criadoras de valor sustentável.

A maioria dos conglomerados não consegue administrar focos múltiplos e robustos com êxito. Eles estão sub-representados na nossa amostra de empresas criadoras de valor sustentável, o que corrobora os resultados de inúmeros estudos anteriores sobre diversificação. Além disso, verificamos que, na maioria das vezes, empresas de fortíssimo desempenho, como a Danaher ou United Technologies Corp (UTC), possuem posições de liderança em um, no máximo dois, core businesses, que elas conduzem a territórios adjacentes, gradativamente, estendendo-os a novos clientes, canais, produtos ou aplicações. Além disso, elas geralmente criam valor nesses negócios com uma fórmula repetível relativamente bem definida, que é refinada repetidamente e torna-se central para a organização de três maneiras:

- A maneira como a empresa descreve sua estratégia.
- A maneira como os gestores enxergam o foco da empresa.
- A maneira como os analistas percebem as vantagens e oportunidades distintas da empresa para crescer.

Para os objetivos deste livro, definimos *core business* como o conjunto de produtos, competências, clientes, canais e áreas geográficas que delimitam a essência do que a empresa é ou pretende ser para atingir sua meta de crescimento – ou seja, ampliar suas receitas de maneira sustentável e lucrativa. Reconhecemos que essa definição é ampla, podendo gerar um longo debate entre as equipes de gestores. Talvez haja controvérsia entre o que a empresa é e o que pretende ou precisa ser por motivos competitivos. E quase sempre não há proporção preestabelecida entre o número total de clientes e aqueles que realmente sustentam os lucros – a clássica regra 80/20, que afirma que menos de 20% da base de clientes responde por 80% dos lucros da empresa. Por outro lado, isso implica que a maioria dos clientes muitas vezes não define o core business da empresa; ou seja, não contribui para a meta de crescimento. A essência da estratégia de crescimento da empresa é definir seu core business como o fizemos e alocar seus recursos para que a empresa atinja todo o seu potencial.

Como Ler Este Livro

Neste livro, concentramo-nos em apenas um tema: a importância extraordinária de criar um core business forte como base para orientar o crescimento empresarial.

Definimos com precisão a métrica do crescimento que a administração deve usar – o objetivo da gestão é aumentar receitas e lucros de maneira sustentável. Somente isso gera valor ao acionista a longo prazo. Definimos o core business da empresa com a maior exatidão possível, enfatizando que esse processo de definição é o centro do que a equipe de gestão precisa fazer e é, por definição, uma ciência inexata.

Sabemos que a busca do lucro proveniente do core business não é nova, e em nosso livro reconhecemos minuciosos trabalhos realizados sobre esse assunto e outros a ele relacionados. Sentimos a necessidade de retomar ao tema por três razões. Primeiro, os dados empíricos sobre a frequência com a qual equipes de gestão subvalorizam o core business de suas empresas é assustadora. Por que suas expectativas são tão baixas? Segundo, concentrar--se apenas em um core business forte é necessário, mas não suficiente para atingir o crescimento sustentável. Os gestores sempre encontram oportunidades para atuar também em negócios relacionados e, às vezes, essas mudanças são absolutamente necessárias para fortalecer o foco e acrescentar novos fluxos de lucros. Como os executivos na gestão das empresas devem responder a esse dilema básico na empresa – quando se concentrar no core e quando buscar outras oportunidades? Terceiro, a equipe administrativa precisa, às vezes, realizar uma mudança radical no core business da empresa para alcançar crescimento sustentável adicional. Isto ocorre principalmente em qualquer setor enfrentando momentos turbulentos. Como os gestores deveriam considerar essa decisão – que envolve o maior risco entre todas – de mudar o negócio principal da empresa para proteger esse mesmo negócio principal?

Para discutir esses pontos, estruturamos o livro em torno de três questões básicas enfrentadas pela gestão na busca do lucro proveniente do negócio principal da empresa:

1. Desenvolver influência e poder de mercado no core business da empresa ou em um de seus segmentos.
2. Em seguida, expandir-se para negócios adjacentes fortes e que façam sentido em torno desse core.
3. Alterá-lo ou redefini-lo em resposta à turbulência do setor.

No Capítulo 2, discutimos como definir o core business da empresa e ilustramos como atingir todo o seu potencial. Apresentamos o primeiro paradoxo do crescimento: *As unidades de negócio de melhor desempenho são provavelmente aquelas operando muito abaixo de seu potencial total.* Verificamos que, quando a maioria das equipes de gestão procura revitalizar o crescimento da empresa, elas concentram-se nas unidades de negócio que apresentam desempenho fraco. Porém, insistimos que o crescimento exige que o foco esteja na melhoria do desempenho das melhores unidades de negócio, mesmo se estiverem muito bem naquele momento. O melhor negócio é aquele em melhores condições de crescer mais.

Iniciamos apresentando provas de que um core business sólido é a principal fonte da vantagem competitiva e, então, passamos à definição de suas fronteiras empresariais, meios para diferenciação pela obtenção de influência e poder de mercado e razões pelas quais muitas vezes os melhores core businesses apresentam desempenho abaixo de seu potencial total de crescimento e possuem um conjunto de fontes clássicas de "valor oculto". Porém, em situações de turbulência, a capacidade de definir as fronteiras do core business da empresa se torna um desafio cada vez maior e a importância de avaliações tradicionais da participação no mercado ficam menos relevantes. Em inúmeros setores tradicionais, é comum a concorrência entre modelos de negócio idênticos, mas hoje estamos observando concorrência cada vez maior entre modelos completamente diferentes. Lidar com essa crescente complexidade competitiva é uma das questões básicas enfrentadas pelos estrategistas corporativos em diversos setores.

No Capítulo 3, passamos a discutir o que chamamos de "crescimento através de negócios adjacentes", a mudança para o conjunto de atividades novas, mas afins, em torno do core business da empresa. Ao discutirmos a expansão em negócios adjacentes, apresentamos o segundo paradoxo do crescimento: *Quanto mais forte o core business da empresa, mais chances se tem para entrar em negócios adjacentes potencialmente lucrativos e perder o foco.* O Capítulo 3 analisa os padrões típicos apresentados por empresas com os melhores dados de crescimento histórico. Algumas, como Toyota, Tetra Pak, McDonald's, Intel, Cisco Systems e UPS crescem, há décadas, por meio da expansão sistemática em negócios adjacentes lógicos em torno de um core relativamente estável. Reforçamos os resultados de dezenas de estudos com nossos dados, mostrando quantas das estratégias de crescimento mais promissoras foram prejudicadas pela superexpansão ou escolha equivocada do negócio adjacente. No entanto, a turbulência do setor às vezes exige que os gestores apostem mais na periferia do empreendimento para protegê-lo contra incertezas, em vez de seguirem adiante no caminho planejado para o crescimento, ano após ano, como vemos no crescimento de lojas no varejo.

No Capítulo 4, discutimos quando e como redefinir o core business da empresa, principalmente diante da turbulência setorial. Aqui apresentamos o terceiro paradoxo do crescimento: *As equipes de gestão de maior êxito na construção de um core business sólido e que se beneficiaram do crescimento em negócios adjacentes são também as mais vulneráveis à turbulência do setor.* De certa forma, este tema da redefinição aparece discretamente em cada capítulo do livro. O registro de core businesses sólidos e duradouros que se redefinem com êxito, nesse caso, não é animador.

O Capítulo 4 também examina a ligação cada vez mais estreita entre organização e estratégia de crescimento. Nessas situações de turbulência e curtos períodos de tempo para reação, o epíteto popular "a estrutura segue a estratégia" é reformulado para "às vezes, a estrutura *determina* a estratégia". A capacidade de reação rápida e redefinição da estratégia segundo os acontecimentos do mercado é uma importante fonte de vantagem competitiva para a maioria das empresas bem-sucedidas.

No Capítulo 5, oferecemos algumas diretrizes para o processo de desenvolvimento e aperfeiçoamento da estratégia de crescimento. Também concluímos com o quarto paradoxo do crescimento: *Todas as organizações inibem* o *crescimento*. No atual meio empresarial turbulento, a mudança – nas pessoas, estruturas e estratégias da empresa – é vital para se conquistar crescimento lucrativo sustentável. Para entendê-las, os gestores precisam viabilizá-las e não evitá-las.

Embora a mensagem do lucro a partir do core business seja simples, os desafios enfrentados pela administração para colocá-la em prática são extraordinários. Cada paradoxo do crescimento ameaça derrotar a administração e diminuir as chances de se atingir o crescimento lucrativo e sustentável. O índice de insucesso chega a 99%.

Acreditamos que os três elementos da estratégia de crescimento enumerados anteriormente são tão relevantes para o equilíbrio a longo prazo em setores estáveis como os de alimentos ou têxtil, quanto para setores turbulentos como os de energia elétrica e o varejo on-line. No entanto, em condições turbulentas, inúmeras regras estratégicas práticas comuns precisam ser adaptadas.

Pesquisadores acadêmicos e profissionais de empresas realizaram excelentes trabalhos sobre como regras tradicionais de estratégia, desenvolvidas a princípio para setor estável com investimento intensivo em capital, precisam ser adaptadas para empreendimentos que enfrentam a necessidade de se redefinirem (principalmente aqueles com grande utilização de informações) diante de turbulência econômica. Por exemplo, Clayton Christensen explicou muito bem como novos concorrentes surgem e prosperam utilizando tecnologia "disruptiva", se fortalecendo a partir de clientes de pequena margem de lucro enquanto as empresas tradicionais apenas os observavam, incapazes de agir.[7] Carl Shapiro descreveu como a economia peculiar das empresas de informação exige um novo conjunto de regras econômicas para desenvolver estratégias empresariais sólidas.[8] Outros analisaram por que grandes empresas são lentas para se adaptarem às mudanças ou por que a participação no mercado é menos importante do que antes. Neste livro reconhecemos e somos gratos por esses trabalhos fundamentais que nos serviram de base.

Várias vezes mencionamos os aspectos paradoxais da estratégia de crescimento empresarial. Ora, o mundo está repleto de paradoxos. Para arremessar a bola de golfe cada vez mais longe, é preciso segurar o taco com leveza. Para controlar o carro durante uma derrapada no gelo, tiramos o pé do freio. Para que as plantas cresçam com mais vigor e rapidez, precisam da poda. Para criar a economia mais organizada do mundo, deixamos que o mercado livre exerça seu poder mágico.

Acima de toda a análise neste livro, paira o paradoxo final: O *crescimento se origina da retração; ao diminuir o escopo, cria-se a expansão.* Impressiona-nos o fato de que, apesar das inúmeras oportunidades de crescimento encontradas pela maioria das equipes de gestão, a solução mais confiável e coerente seja lucrar com o core business da empresa.

2

O Core Lucrativo

A ideia de um conjunto central de atividades econômicas é tão antiga quanto a própria ciência da administração. A obra de David Ricardo de 1817 sobre a vantagem comparativa no comércio foi, em parte, a tentativa de determinar o conjunto de atividades em torno do qual uma nação devesse concentrar seus recursos. O trabalho de Alfred Marshall do final de 1800 sobre os retornos crescentes de escala antecipa a ideia de definição empresarial e vantagem competitiva a partir do core em crescimento. Economistas nas décadas de 1930 e 1940, analisando questões de antitruste, enfrentavam constantes problemas de definição empresarial e quanto do poder de mercado se estendia a partir do core business da empresa.

Durante a década de 1980, uma era de desconstrução e reestruturação corporativa, muitos escritores da área de negócios, como Michael Porter, documentaram como os retornos das organizações despencavam à medida que suas atividades se tornavam mais difusas e seu foco ficava menos definido. A questão do enfoque estratégico foi examinada em obras voltadas para a arte de fazer o que você sabe fazer bem, como em *Vencendo a crise*, ou o trabalho voltado para a competência essencial feito por Hamel e Prahalad, e na ideia de uma visão do foco central, em *Feitas para durar*.[1]

Lucro a partir do core business vai além desses conceitos ao fornecer evidências incontestáveis da frequência com que um foco robusto aliado à liderança focada – quanto mais forte e mais focada, melhor – é geralmente o epicentro dos casos de maior sucesso de crescimento sustentado e lucrativo.

Em contraste, encontramos evidências igualmente incontestáveis de como o conhecimento insuficiente sobre o verdadeiro potencial do core – ou julgamentos equivocados sobre como os pontos fortes percebidos podem realmente ser estendidos a novas áreas – conduz a dificuldades estratégicas. No restante do livro discutiremos como definir e fortalecer um core, como determinar as melhores oportunidades de crescimento que surgem a partir do core, e em que momento parar para redefinir o core business.

A Vantagem de se Concentrar no Core Business

Empresas com poucos core businesses altamente direcionados estão entre a maioria das que atingem crescimento sustentável. Dados históricos mostram que as empresas mais diversificadas deveriam restringir e direcionar suas atividades para criar menos plataformas de crescimento, enquanto aquelas com posições empresariais múltiplas e tímidas deveriam reestruturar seus portfólios para desenvolver, fortalecer e reforçar um core business único e criar o que chamamos de *economics de liderança*. Há comprovação para este ponto de vista:

- A maioria das empresas que sustenta a criação de valor ao longo do tempo possui apenas um ou dois core businesses fortes.
- Firmas de private equity quase sempre atingem seu maior sucesso comprando empresas órfãs de conglomerados desfeitos, criando assim um foco claro onde antes não havia nenhum.
- Em geral, cisões criam foco e valor.
- A diversificação está associada a avaliações médias mais baixas quando comparadas a empresas com core businesses direcionados.
- Aquisições feitas com o intuito de aumentar a escala em um core business têm uma taxa de sucesso pelo menos duas vezes maior do que as aquisições realizadas com o intuito de diversificar e expandir o "escopo."
- As poucas empresas que reduziram seu tamanho e mesmo assim criaram valor – que encolheram para crescer – são as que sofreram reestruturação para se concentrar em um core business forte, quase sempre para turbinar seu crescimento.

Evidências Provenientes de Empresas Criadoras de Valor Sustentável

A análise de empresas que sustentam tanto a criação de valor quanto um crescimento anual mínimo de 5,5% durante 10 anos mostra que quase 80% tinham um negócio com posição de liderança em seu "core do core" (Figura 2.1).

Esses negócios representavam a fonte da maior parte de seu crescimento lucrativo. Outros 17% das criadoras de valor sustentado possuíam cores múltiplos sobre os quais desenvolveram o crescimento. Também examinamos a diferença entre empresas com múltiplos cores e empresas mais focadas, com core único. Nossas análises mostram que os conglomerados em geral possuem uma probabilidade menor de alcançar posição de criador de valor sustentado do que as empresas com um core único. Entretanto, há uma exceção à regra. Os conglomerados que têm um percentual de seus portfólios em posições de *economics* de liderança e aplicam uma fórmula bem definida e repetível para agregar valor nas novas aquisições (um sistema de gestão diferenciado), apresentam desempenho superior. Alguns exemplos são os conglomerados "temáticos" como a Procter & Gamble em bens de consumo, ou conglomerados mais puros como Danaher e United Technologies. Cada uma dessas empresas tem um "jeito" bem definido, uma fórmula que pode ser repetida, que agrega valor a partir do centro, no nível corporativo. Na verdade, cada empresa define sua estratégia

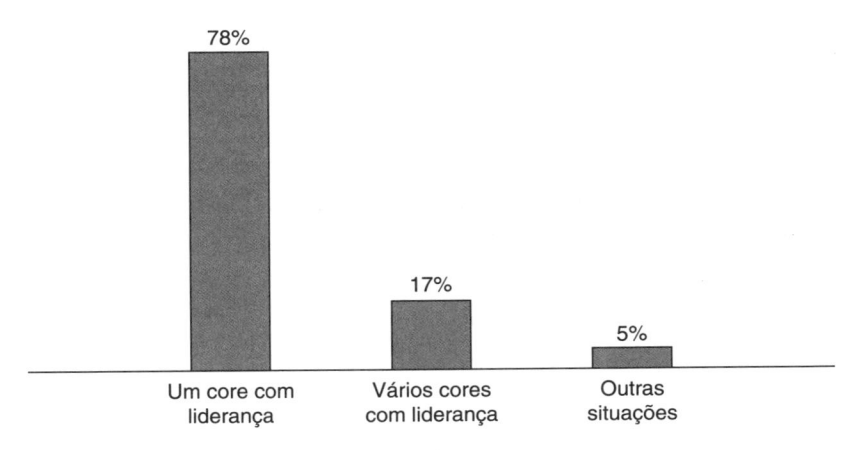

2-1 Empresas Criadoras de Valor Sustentável Lideram em seus Cores

Fonte: Banco de dados Worldscope, OneSource, relatórios do setor, análise da Bain.

Observação: Define-se core como a atividade que gera a maior parte das receitas da empresa, e liderança como a participação relativa no mercado superior a 1,2.

levando em consideração os elementos da fórmula repetível, como o programa ACE da United Technologies ou o altamente bem-sucedido Danaher Business System.

Muitas das empresas criadoras de valor sustentável que analisamos seguiram o mesmo padrão: uma empresa altamente focada e criadora de valor sustentado ganha espaço na frente de sua concorrente, uma empresa diversificada sem direcionamento ou core definidos. Por exemplo, em refrigerantes, a PepsiCo (conglomerado alimentício até sua recente divisão) segue a Coca-Cola, concorrente mais focado, no negócio de refrigerantes. A Anheuser-Busch lidera o setor de cervejas nos Estados Unidos, seguida pela Miller, que fazia parte de um conglomerado de embalagem de alimentos até se unir à SAB. A Motorola e a Ericsson, ambas com inúmeras partes separadas, seguem a Nokia no ramo de telefones celulares. A IBM e inúmeros conglomerados tecnológicos seguem a EMC Corporation em equipamentos para armazenamento de dados.

É como se a maioria das estratégias de crescimento abrigasse uma força negativa e destrutiva que fizesse com que as empresas reduzissem o foco em seu core business e, como resultado, abandonassem a base de sua verdadeira diferenciação. Consideremos as seguintes perguntas: por que o Citibank adquiriu o Travelers, uma seguradora, em 1998, apesar de oportunidades e desafios claros em seu core bancário? Por que a GM adquiriu a Electronic Data Systems quando enfrentava pressões enormes em seu core automotivo? Por que a Vivendi perseguiu um não core de negócios de entretenimento (e a um preço muito alto) quando seu core eram os serviços ambientais relacionados com resíduos e água? Ou, retornando a um exemplo anterior, por que a Bausch & Lomb aparentemente abandonou sua liderança em produtos oftalmológicos para investir em aparelhos auditivos, pomadas e produtos dentários – ações que coletivamente se provaram desastrosas? Essas empresas são administradas por pessoas inteligentes, familiarizadas com a evidência da importância do foco empresarial e a necessidade de vencer os concorrentes em seus investimentos no core business. Então, o que aconteceu?

Evidências Provenientes dos Fundos de Private Equity

Comprovações impressionantes do valor estratégico de se concentrar em um core business forte vêm de empresas que passam da condição de órfãs em grandes conglomerados para a condição de independentes, cujo único core business são elas mesmas. É por isso que empresas de private equity não perdem a oportunidade de comprar negócios não core de grandes conglomerados.

Consideremos o caso da Accuride, que vendia calotas e rodas de caminhão para um grande número de clientes OEM tais como Ford, Volvo, General Motors, MAC e Freightliner. Dentro da Firestone Tire & Rubber Company, seu proprietário anterior, a Accuride era órfã. Sua atividade não era nem de longe relacionada ao core da Firestone, que envolvia pneus e borracha. Curiosamente, ela competia também com inúmeras empresas, como a Goodyear e Budd, para as quais a unidade de negócios de rodas e calotas de aço também era secundária. A natureza não core dessas atividades proporcionaria oportunidade de crescimento para a empresa que decidisse investir e administrar a Accuride de maneira diferente? A Bain Capital optou pela resposta afirmativa.

Com a aquisição pela Bain Capital, o foco da Accuride mudou. A empresa se livrou de restrições orçamentárias, negligência administrativa e status inferior que sofria na Firestone. Como Mitt Romney, diretor administrativo da Bain Capital na época (e posteriormente candidato às eleições presidenciais de 2008 nos Estados Unidos), observa, "Era uma questão de crescer ou morrer".[2] Os executivos da Accuride estudaram o mercado e os *economics* de outra maneira. Concluíram que se conseguissem uma participação majoritária nas compras de vários clientes importantes, poderiam virar a dinâmica do setor a seu favor e capturar grande parte do pool de lucros a longo prazo. Isto, por sua vez, desencorajaria a Goodyear e Budd de investir maciçamente no que não era, de forma alguma, seus core businesses. E, naturalmente, o desinvestimento do concorrente é um excelente resultado para qualquer estratégia.

Para atingir suas metas, os executivos da Accuride incrementaram a capacidade produtiva a baixo custo e anteciparam a oferta de preços menores e prazos maiores que os concorrentes não conseguiram igualar com rapidez. Romney nos conta: "A Goodyear reagiu lentamente e por fim decidiu não competir. A Masco ficou atordoada e parou de investir em aumento de capacidade na fábrica. Lembro-me de um dia de inverno caminhando em suas dependências desertas e inacabadas com equipamentos cobertos pela neve. Budd abriu uma fábrica no México, mas era tarde, fim de jogo."

Em nenhum outro lugar o valor do foco é tão claro quanto na empresa de produto único lutando pela sobrevivência contra concorrentes menos direcionados inseridos em enormes conglomerados com inúmeras concessões e pautas intercaladas. A Accuride viu sua participação no mercado crescer além das expectativas em relação aos concorrentes, sua participação absoluta dobrar e sua lucratividade crescer 66% em menos de dois anos. A Bain Capital, graças ao seu insight sobre core business subgerenciado concorrendo com outros semelhantes, ganhou quase 25 vezes o retorno sobre o investimento.

O poder de se concentrar no core provou ser o fator decisivo nesta história de sucesso. Embora haja pouquíssimos experimentos controlados no mundo dos negócios, devido ao número de fatores econômicos em jogo, há muitos casos como o da Accuride que demonstram o poder de se restabelecer o foco intenso em apenas um core business, acumulando forças por meio da aquisição de concorrentes ou aumento do investimento e aplicação de estratégia mais agressiva no core lucrativo. Muitos dos investimentos de maior êxito na história de aquisições alavancadas e fundos de private equity se originam de empresas estrategicamente subgerenciadas, sem foco (porém com core businesses lucrativos em seu centro), que são compradas e reformuladas pelo novo proprietário.

Evidências Provenientes de Cisões

As experiências de empresas que foram desdobradas ou sofreram cisão resultando em empresas abertas separadas oferecem ainda mais provas do poder do foco. A análise de David Sadtler, Andrew Campbell e Richard Koch dos resultados de cisões mostrou um aumento médio de 15% no desempenho competitivo relativo das empresas no mercado de ações.[3] Em outro estudo de mais de cem empresas que sofreram cisões, o analista nova-iorquino Steven Bregman verificou que estas geraram taxa anual de retorno entre 1991 e 1996 de 37,2%, comparado ao aumento de apenas 17,5% no índice Standard & Poor durante o mesmo período.[4]

A PepsiCo oferece exemplo desse efeito positivo de cisão. Durante as duas últimas décadas, a Coca-Cola foi muito mais lucrativa do que a PepsiCo, embora esta apresentasse bom desempenho e retorno total aos acionistas de 23%. Além disso, o setor de fast-food da PepsiCo apresentava baixo desempenho, ficando atrás de outro concorrente focado, o McDonald's.

Em 1997, a PepsiCo fez uma cisão em seu setor de restaurantes, correspondente a US$14 bilhões, composto pela Taco Bell, Kentucky Fried Chicken e Pizza Hut.

Muitos que acompanhavam a empresa diziam que o setor alimentício era um atraso para o setor de bebidas e desviava o foco para restaurantes, que não eram o core da empresa. Um artigo no *Wall Street Journal* afirmou que havia destruição de valor econômico na combinação:

> Alguns analistas dizem que a Pepsi perde de longe para a Coca na atividade lucrativa de refrigerantes de máquina – vendendo o xarope aos restaurantes para suas máquinas de bebidas à base de cola – precisamente por causa de sua participação nas cadeias de fast-food. Os vendedores da Coca podem dizer aos restaurantes que ao venderem Pepsi-Cola estão colocando dinheiro nos bolsos dos concorrentes, Taco Bell e Pizza Hut.[5]

A administração reconheceu para os investidores que o empreendimento no setor de restaurantes estava desviando muita atenção e tempo do seu core. O ex-CEO Roger Enrico admitiu que "um foco maior seria extremamente benéfico".[6]

Naquela época, um artigo chamou o empreendimento em restaurantes de "uma âncora se arrastando na areia do fundo do oceano".[7] Porém, desde a cisão, tanto o core original quanto o novo empreendimento em restaurantes, Yum! Brands, Inc. (antes chamado de Tricon Global Restaurants), estão bem, o negócio de restaurantes é duas vezes mais lucrativo do que seu grupo de restaurantes de referência original.

Evidências Provenientes de Estudos de Diversificação

Mais provas do poder do core forte e singular vêm de estudos do impacto da diversificação sobre o valor gerado para o acionista (o oposto do foco sobre o core business). Provavelmente o estudo empírico mais abrangente foi feito por Constantinos Markides, que analisou a extensão e efeitos do redirecionamento empresarial na década de 1980. Ao definir *redirecionamento* como a decisão da empresa em reduzir o escopo de suas atividades para se concentrar no core business (ou seja, reduzir a diversificação), Markides verificou que mais empresas estavam redirecionando na década de 1980 do que na de 1960. Nos anos 1960, apenas 1% das maiores empresas dos Estados Unidos se preocupava com o redirecionamento, enquanto 25% estavam diversificando. Nos anos 1980, mais de 20% dessas empresas estavam focando no core business, enquanto 8% diversificavam. Além disso, sua pesquisa mostrou que as empresas se redirecionavam alienando atividades não relacionadas ao core e adquirindo outras, relacionadas. Entre as cem maiores empresas nos Estados Unidos de 1981 a 1987, mais de 65% das aquisições foram relacionadas ao core business e quase 58% das alienações envolveram negócios não relacionados ao core. Markides também verificou que a redução da diversificação criou valor de mercado, mostrando que este subia quase 2% no dia em que a empresa anunciava seu redirecionamento.[8]

Michael Porter, em estudo publicado na *Harvard Business Review* em 1987, também analisou a contribuição da diversificação para o desempenho empresarial. Ao analisar as histórias de diversificação de 33 grandes empresas dos Estados Unidos de 1950 a 1986, ele encontrou um histórico deprimente. Na verdade, essas empresas venderam, em média, mais da metade de suas aquisições em novos setores e mais de 60% de suas aquisições em áreas inteiramente novas. A taxa de redução média do ativo em aquisições não relacionadas foi ainda maior – quase 75%.[9]

Um estudo mais recente realizado pela Bain & Company analisou 7.315 alienações de investimentos realizadas por 742 empresas no período de 20 anos compreendido entre 1987 a 2007. O estudo revelou que o grupo de empresas consideradas as "melhores vendedoras" obteve um retorno para os acionistas 80% superior do que o da empresa média durante o período. Um exemplo é a farmacêutica suíça Roche. No ano 2000, a empresa vendeu seus negócios de sabores e fragrâncias, de vitaminas e produtos químicos finos para direcionar de maneira mais intensiva investimentos em produtos farmacêuticos e relacionados com diagnósticos. Considerando-se que muitos daqueles negócios haviam permanecido no portfólio da Roche por mais de 50 anos, a decisão não havia sido fácil. Contudo, era uma condição necessária para fazer da Roche a empresa farmacêutica de maior desempenho no mundo na época.[10] Mais recentemente, David Harding e Sam Rovit mostraram em seu livro *Garantindo o sucesso em fusões e aquisições* que as "transações de escala" (aquisição de uma empresa no mesmo negócio) têm um desempenho superior às das "transações de escopo" (aquisição de uma empresa em negócios diferentes).[11] A taxa média de sucesso (definida pela criação de valor econômico refletido no preço da ação) das transações é de apenas 30%. As piores transações encontradas por eles, e que pudemos confirmar mediante análises posteriores, são as fusões transformadoras "big bang" (como a AOL-Time Warner, ou Daimler-Chrysler), cuja taxa de sucesso julgamos ser da ordem de apenas 5% a 10%.

Evidências Provenientes de Empresas Criadoras de Valor que Encolheram

Nossa comprovação final do poder do foco sobre o core lucrativo vem da análise do grupo raro e efêmero de empresas que tiveram seu tamanho reduzido e, ainda assim, criaram valor. Trata-se de pouquíssimas empresas (apenas 3% a 4% de nossas criadoras de valor sustentável) cujas receitas reais diminuíram durante a década de nossa análise, mas cujas taxas de criação de valor permaneceram positivas. Das empresas criadoras de valor que encolheram presentes no nosso banco de dados, 85% seguiram a mesma fórmula: reduziram-se a um subconjunto de atividades assentadas em torno do core original. Um exemplo é a Sears, que decidiu vender suas empresas de serviços financeiros para reaquecer seu core business, o varejo. Outro é a Royal Vopak, uma empresa de origem holandesa que atua no segmento de óleos marítimos e armazenamento de produtos químicos. Ela reduziu seu negócio em mais de 85% em 2001, chegando ao seu core mais sólido – e hoje está avaliada em mais de quatro vezes o valor de quando a empresa tinha faturamento sete vezes maior!

O que é mais surpreendente sobre essas empresas criadoras de valor que encolheram é até onde a resposta certa para cada uma envolveu a redução de forma a restaurar o core business ao seu status original, isto é, no centro da empresa. Consideremos a Guinness, a empresa irlandesa fabricante de cerveja, que se originou em 1759 quando Arthur Guinness, então com 34 anos, alugou uma pequena cervejaria abandonada em St. James Gate, nos arredores de Dublin (um aluguel de 45 libras ao ano em contrato de nove mil anos!). Em 1886, a Guinness se tornou a primeira cervejaria listada no London Stock Exchange e logo depois, a maior do mundo.

Após a Segunda Guerra Mundial, a família Guinness empreendeu um grande programa de diversificação, entrando em, no mínimo, outras 250 empresas. No início dos anos 1980, seu crescimento estagnou, e sua participação de mercado na Stout, a cerveja escura que a tornara famosa, sofreu grave declínio. Sua única esperança era retomar o caminho de volta ao core. Assim, ela iniciou um intenso programa de alienação e durante 18 meses vendeu mais de 150 de suas empresas. O dinheiro obtido foi reinvestido na atividade cervejeira para automatizar sistemas, desenvolver novos produtos, reconstruir o patrimônio da marca Guinness e fomentar a expansão internacional. Durante os oito anos seguintes, o preço de ações da empresa aumentou quase 10 mil vezes(!) e em 1997 a empresa fez uma fusão com a Grand Metropolitan, criando a Diageo. Felizmente, a Guinness retornou ao core lucrativo antes que fosse tarde demais.

Exceções ao Core Forte

Esta forma empresarial cristalina é um ponto de partida bastante útil. Porém, embora os dados comprovem que a dominância de mercado em um core business bem definido gera lucratividade superior, eles não explicam outras situações também comuns.

Primeiro, não explicam o sucesso de muitas empresas seguidoras fortes, como a American Express em comparação com a Visa no ramo de cartões de crédito, a Canon em comparação com a Xerox em fotocopiadoras, a Toyota em comparação com a GM no setor automotivo, ou a Southwest em comparação com a United nas companhias aéreas. Tal explicação exige uma forma mais ampla de pensar sobre que tipos de poder e influência de mercado podem conquistar os *economics* de liderança sem liderança em escala. Segundo, embora os dados enfatizem a importância da participação de mercado relativa em empresas bem definidas, não mencionam a situação cada vez mais comum de fronteiras empresariais indefinidas e indistintas que dificultam determinar a participação de mercado e os concorrentes importantes. Consideremos mercados como a transmissão de dados doméstica, onde linhas telefônicas concorrem com cabos, que concorrem com o wireless, que concorre com conexões T1 e assim por diante. Consideremos também o segmento de jornais, cuja concorrência um dia foi apenas com os demais jornais que circulavam na cidade. Hoje em dia, com a informação "desmembrada" e disponível na Internet, existem concorrentes novos e independentes para praticamente todas as categorias – cotações de ações (Yahoo!), notícias (CNN.com), anúncios classificados (Craigslist), previsão do tempo (weather.com) – e o cenário adquire mais complexidade com os novos veículos de distribuição como o livro eletrônico da Amazon, o Kindle. E agora, qual é a definição correta dos negócios, e onde ficam suas fronteiras? Não basta controlar as informações sobre apenas um conjunto de concorrentes semelhantes em cenário historicamente bem definido. Não há mais a garantia da associação setorial empenhada na coleta e organização de dados de mercado, como era o caso nos setores de siderurgia, maquinários e máquinas de escrever. Hoje a associação setorial equivalente para cada um desses grupos de produtos teria fronteiras ambíguas – se existisse.

O restante deste capítulo resume os requisitos-chave para desenvolvimento do core business forte como base para a estratégia de crescimento. Para cada um, apresentamos algumas ferramentas e sugerimos as fontes mais comuns de insucesso nos casos estudados.

Defina o Negócio

Ter o sentido claro das fronteiras entre negócios e da definição do core business é o ponto de partida para a estratégia de crescimento. As fronteiras são estáveis ou mutáveis? Que áreas precisam ser defendidas a todo custo e quais não são estratégicas? Em quais áreas surgirão lucros futuros e em quais os lucros atuais diminuirão? Qual é a verdadeira fonte de diferenciação e recursos para vencer os concorrentes, e como as fronteiras empresariais mutáveis exigem alterações nos atributos básicos da empresa para que ela possa competir no futuro?

Talvez o maior perigo nas empresas que estudamos tenha se originado em erros na definição correta do "core" e na determinação correta das fronteiras dentro das quais elas podem concorrer razoavelmente. Constatamos que o erro na formulação de tais definições pode levar a abandonos prematuros do core e às vezes em aventuras desastrosas na busca de negócios desconexos, e que tal busca, na verdade, colocou o próprio core original em perigo.

A Dell Computer, a empresa de melhor desempenho dentre as grandes fabricantes de computadores de 1990 a 1999, de repente abandonou seu core business, para logo em seguida retomá-lo. Desde sua oferta pública em 1988, o crescimento da Dell foi muito rápido. Em 1993 ela decidiu expandir seu core, venda direta de computadores, lançando um programa de vendas voltado para varejistas e atacadistas. Pouco depois, a empresa começou a perder dinheiro. Sofreu perdas de US$37 milhões em um faturamento de US$600 milhões no terceiro trimestre de 1993. Michael Dell e sua equipe rapidamente diagnosticaram o problema como sendo o abandono pela empresa de sua estratégia central e "modelo de vendas diretas" e sua tentativa de vender como seus concorrentes, por meio do varejo. Embora o programa varejista representasse apenas 10% do empreendimento da Dell na época, causou enorme impacto. A expansão corroeu o próprio core devido ao que Michael Dell descreve hoje como "confusão que isso causou em nossa estratégia. Toda decisão empresarial importante para o core da empresa era considerada em relação ao que aconteceria à parte não lucrativa do varejo. Quando percebemos isso, saímos imediatamente. Embora tenha sido difícil e oneroso fazê-lo, foi um dos momentos de definição para a empresa e nos salvou do desastre".[12]

O setor de microcomputadores no início dos anos 1990, na época do exemplo da Dell, estava crescendo mais de 20% ao ano e mudava rapidamente. Assim, era óbvio que um pequeno toque na direção jogasse o carro da Dell em alta velocidade no acostamento, fazendo com que o motorista, em estado de choque, retornasse à pista. No entanto, abandonos semelhantes do core ocorrem até mesmo em empresas que operam em ambientes de crescimento muito mais lento. Não importa a empresa ou o setor, o foco no core exige dedicação e atenção contínuas.

O caso da Hilti International oferece ótimo exemplo do crescimento lucrativo e sustentável que pode surgir do redirecionamento do core da empresa. A Hilti foi fundada em 1941 pelos irmãos Martin e Eugen Hilti para comercializar seu projeto de perfuratriz pneumática DX para inserir fixadores metálicos no concreto usando um sistema eletrônico patenteado. Desde então, a empresa cresceu para um faturamento de quase US$1,8 bilhão como líder na inovação de produtos para fixação e perfuração pré--moldada.

Durante o início dos anos 1990, a Hilti se viu em período prolongado de estagnação no crescimento em um setor que crescera historicamente menos de 1%. A empresa respondeu partindo para novos produtos no segmento inferior do mercado, incluindo brocas de perfuração e fixadores metálicos, materiais básicos, parafusos e produtos químicos. Esta mudança trouxe um aumento de 4% nas receitas, mas também a consequência inesperada de menores lucros e margens.

A família Hilti sentiu que era hora de avaliar mais profundamente sua estratégia de crescimento. Ao examinar detalhadamente cada segmento de clientes e linha de produtos, a administração descobriu que quase todos os novos produtos do segmento inferior de mercado, cujo objetivo era aumentar as vendas por cliente, não eram lucrativos. A administração concluiu que a empresa se afastara prematuramente de sua competência básica de inovação na solução de problemas especializados e complexos de clientes. Na verdade, um estudo na Universidade de Aachen durante esse período identificou a Hilti entre as empresas de produtos mais inovadoras no sul da Europa. Por exemplo, ela desenvolveu a primeira furadeira com vácuo em torno de seu cabeçote para que o pedreiro trabalhasse sem deixar uma partícula de pó no assoalho.

Por meio de iniciativas de seu CEO na época, Dr. Pius Baschera, a Hilti redirecionou seu core. Baschera denominou a nova estratégia da empresa Champion 3C (cliente, competência e concentração). O resultado foi investimento em inovação de produtos e aplicação até mais especializada de perfuração e fixação, como perfuração de rochas para extração de diamante (aplicações poderosas com especificações técnicas rígidas e de alto risco) e novas faixas de produtos superiores, por exemplo, para carpintaria. Ao mesmo tempo, a empresa reduziu as linhas de produtos marginais para o segmento inferior do mercado. Seu crescimento desde meados dos anos 1990 tem sido 9% em receitas e 14% em lucros por meio de maior penetração geográfica e novos produtos técnicos. Hoje a empresa está novamente analisando outras iniciativas de crescimento para o seu core business, mas desta vez essas expansões serão em torno do core com produtos superiores, altamente técnicos e sofisticados, alavancando a força de vendas técnica e protegendo a alta qualidade da marca.

Definir as Fronteiras Certas

Sem um ponto de vista definido sobre as fronteiras empresariais, é difícil determinar a posição competitiva, importância relativa de concorrentes posicionados de maneira diferente ou relevância estratégica de várias oportunidades de crescimento. Para tomar as decisões certas, é fundamental possuir a definição clara do core business da empresa, os negócios adjacentes relevantes que o cercam e o panorama econômico e competitivo. Entender até que ponto essas áreas adjacentes estão relacionadas ao core business é a chave para definir táticas de defesa e ataque empresariais além das fronteiras. Definir o território deve ser o ponto de partida de qualquer estratégia de crescimento.

O core lucrativo é centrado na posição mais forte da empresa em termos de clientes fiéis, vantagem competitiva, habilidades singulares e a capacidade de se obter lucros. Se a empresa não lucra com seu core business, exceto durante as primeiras fases de desenvolvimento do mercado e início de operação, há algo errado. Em torno dele se encontram as adjacências mais promissoras para crescimento, onde suas habilidades são alavancadas ou mudanças defensivas são fundamentais para proteger seus clientes, porém estas exigem que ele seja forte.

Constatamos que o "negócio adjacente" médio tem uma taxa de sucesso de 20% a 25%. Negócios adjacentes a partir de um core robusto têm quase o dobro de taxa de sucesso. E tais negócios, se estiverem "muito próximos" de um core bem definido, podem ter taxas de sucesso ainda mais altas. O crescimento em muitos segmentos resume-se à habilidade de identificar os negócios adjacentes certos antes de seus concorrentes, executá-los com mais rapidez e obter taxas maiores de sucesso. Em algumas batalhas competitivas, como a batalha norte-americana no segmento de calçados esportivos travada entre a Nike e a Reebok, um core robusto com uma fórmula que pode ser repetida e utilizada em novos negócios adjacentes pode ser a explicação por trás de uma empresa – Reebok – mover-se lentamente no segundo plano enquanto outra – Nike – desponta como líder inquestionável.

Mas, poderíamos questionar, não temos que remover fronteiras em vez de colocá-las para desenvolvermos a estratégia de crescimento? Não deveríamos pensar além das fronteiras, e não dentro e em torno de uma definição? Não. A definição errada da empresa (seja por falta de bom senso ou puro descuido) nos leva a investir em áreas de improvável geração de crescimento lucrativo ou a ignorar aquelas áreas que deveríamos reforçar. Definir a empresa com exatidão é a maneira de criarmos hierarquia lógica de territórios no core business e em torno dele, ajudando na buscar por investimentos sensatos, esquecer aqueles que estão fora de nosso alcance e acompanhar a participação no mercado, comparando nossos lucros com os da concorrência.

Imaginemos uma partida de tênis. Se dois jogadores possuíssem definições diferentes da quadra, mas apenas um estivesse certo, o outro certamente perderia o jogo. Ele arremessaria fora das linhas reais ou em espaço tão pequeno que facilitaria ao oponente o retorno da bola. Se os jogadores de uma dupla tivessem conceitos diferentes das fronteiras da quadra, seria o caos e o fim da equipe.

Consideremos as seguintes decisões reais de estratégia de crescimento que dependem de questões sutis e difíceis relacionadas à definição do negócio:

- A Coca-Cola está no ramo de refrigerantes à base de cola, refrigerantes em geral, bebidas em geral ou outro? Existem evidências suficientes de que a Coca definiu seu sucesso como participação de líquido consumido e não de bebida à base de cola, e que essa definição ampliou o potencial total da empresa e reforçou sua estratégia de investimento ("Gostaria de comprar uma Coca para o mundo inteiro") em relação aos concorrentes.
- A definição de negócio do Google consiste apenas no mecanismo de busca e seus negócios adjacentes lógicos? Ou sua força e habilidades competitivas se estendem em todas as arenas relacionadas com buscas, de mapas até redes de relacionamentos em comunidades? Algum dia o Google estenderá seu negócio para a distribuição de produtos relacionados com informação (ele já está digitalizando todos os principais livros do planeta)? Ou ele é um provedor de serviços de publicidade, com um negócio que compreende o licenciamento de seu software exclusivo para outros (como ele faz com o Yahoo! para buscas)?
- O fabricante de pára-brisas de vidro define corretamente sua atividade como fornecimento de para-brisas? Ou deveria considerar a entrada em integração de subsistemas, acrescentando as tarefas que realiza em torno de painéis de vidro lateral ou para-brisas? A consolidação é intensa no setor de peças automotivas, onde cada vez mais empresas integram e reúnem sistemas de portas, bancos ou subsistemas elétricos e se expandem ao longo de sua cadeia de valores. Aqui, a definição do negócio se aplica tanto ao ataque quanto à defesa.
- A Nokia está no setor de fornecimento de aparelhos telefônicos cada vez mais sofisticados, ou sua atividade de hardware pode mudar para

software e serviços embutidos no telefone como veículo de distribuição? Por exemplo, em 2007 a Nokia adquiriu a NAVTEQ uma das duas principais empresas de fornecimento de mapas e dados geoposicionais. A aquisição coloca-a em concorrência direta com outros tipos de equipamentos, como a linha de produtos de posicionamento TomTom. À medida que o negócio de aparelhos telefônicos da Nokia desacelera, e o tráfego nos telefones wireless passa de voz para dados, a Nokia deve redefinir seu negócio de maneira realista e factível. Como mudanças como essas redesenham as fronteiras dos negócios e redefinem o core?

- O que a CBS precisa fazer para reforçar seu core outrora quase dominante? Deve se concentrar na produção de conteúdo, ampliar o core criando e controlando o maior número possível de canais a cabo, revigorar o CBS News para concorrer mais intensamente com a CNN, como a NBC tentou fazer por meio da CNBC, ou escolher outro caminho? Nos últimos cinco anos, os números relativos à participação de mercado das principais emissoras continuavam a cair para percentuais de um dígito, representando telespectadores que têm centenas de opções. Que rumo escolher? E como a definição do negócio, e o tipo de diferenciação, mudarão no futuro?
- Em escala ainda maior, como a AT&T deve definir sua atividade agora que os métodos de transmissão de voz mudaram e a transmissão de dados (uma fatia muito maior da infraestrutura das telecomunicações) cresce rapidamente e passa de linhas telefônicas tradicionais para sistemas privados, a cabo, sem fio e, principalmente, via Internet? Então, qual é a definição empresarial e o core da AT&T à medida que a promessa da convergência da tecnologia continua caminhando para virar realidade?

A necessidade de core business forte para sustentar a estratégia de crescimento requer a definição do que ele é ou deixa de ser – e onde ele pode concorrer e onde não pode.

A Indefinição das Fronteiras do Negócio

Sem o ponto de vista definido e preciso sobre fronteiras do core business e de que modo elas podem mudar com o tempo, é possível cometer erros fatais na estratégia de crescimento. Neste livro, alertamos que erros na definição da empresa estão entre os mais frequentes e perigosos erros estratégicos. No entanto, hoje as fronteiras empresariais são mais difíceis de se determinar e estão mudando como nunca.[13]

Nossa experiência é que o tamanho e escopo da maioria dos core businesses que pode gerar vantagem competitiva significativa está diminuindo devido ao uso da terceirização e especialização em segmentos de clientes. Ao mesmo tempo, a área em torno de qualquer core business, as *adjacências* relevantes para a estratégia, está crescendo muito. Além disso, futuros concorrentes potenciais para o core atual da empresa e futuras fontes de controle sobre sua lucratividade (o *profit pool*) se encontram nessas adjacências.

Considere os seguintes exemplos. Durante anos, imagem digital foi a tecnologia para gestão de documentos na fronteira do core business da Xerox, fotocopiadoras. Porém, foi preciso o surgimento de impressoras velozes combinadas ao poder de novos softwares de processamento de textos para que a imagem digital se tornasse, ao mesmo tempo, a ameaça e principal inspiração da futura mina de lucros da Xerox. Ou consideremos ainda os jornais das emissoras de TV, há muito um oligopólio de três participantes, com a transmissão via cabo ocupando posições periféricas. Hoje as três principais emissoras possuem participação minoritária em noticiários assistidos na TV e participação ainda menor na margem de lucro. Ou vejamos a dinâmica atual nas empresas de telefonia. Em que ponto os serviços celulares tornar-se-ão iguais aos de linhas fixas? Como a evolução contínua da telefonia na Internet afetará significativamente os profit pools de ambos? E o que tudo isso significa para a definição das empresas de telefonia e as fontes de diferenciação que permitirão às empresas do futuro concorrerem com lucratividade?

Estes são três exemplos de adjacências grandes e cada vez mais importantes em torno de um core business definido rigidamente. A indefinição de fronteiras e criação de cenários de maior relevância estratégica em torno do core estão sendo orientadas por inúmeras tendências que devem persistir no futuro próximo:

- Terceirização e desintegração de cadeias de valor tradicionais
- Aumento da microssegmentação de clientes e concorrentes novos e cada vez mais direcionados

- Maior concorrência entre diferentes modelos de negócio e não apenas entre versões do mesmo modelo
- A convergência digital causa indefinição de fronteiras entre todas as empresas de informação
- As forças da globalização tornam indistintas as fronteiras geográficas regionais
- Estratégias cada vez mais sofisticadas da cadeia de suprimento resultam em concorrência entre cadeias de suprimento e entre empresas

Definição do Core da Empresa

O core business da empresa é definido pelo conjunto de produtos, segmentos de clientes e tecnologias com as quais se pode conquistar vantagem competitiva máxima. Definir as fronteiras é tanto uma questão de elaborar julgamentos sólidos quanto de aplicar fórmulas ou fazer cálculos.

Um ingrediente fundamental na formulação da definição empresarial correta é o entendimento claro dos clientes e produtos principais que, se espera, gerem grande parte dos lucros, ou que produziram, historicamente, esses lucros. Estamos surpresos com a frequência com que membros das equipes de gestão, quando entrevistados individualmente, discordam com relação a quais são os clientes e produtos principais. O entendimento e consenso sobre o core pode ser aprimorado pela análise dos lucros e pelo mapeamento de sua divisão entre concorrentes diretos e segmentos de clientes.

Compreendida a contribuição dos *economics* corretos dos clientes e produtos principais que a empresa atende atualmente, pode-se, então, examinar os segmentos sucessivos do mercado que se originam daquele core. Em alguns mercados complexos talvez haja dez segmentos totais e cada um precisa ser entendido e priorizado para alocação de recursos. Em geral, verificamos que as decisões estratégicas chave são tomadas no core da empresa e em um ou dois segmentos que dele se originam.

Tomando como exemplo o setor de microcomputadores, consideremos as seguintes áreas distintas de atividade econômica, todas relacionadas com competição e crescimento em empresas como Dell, Lenovo e Hewlett-Packard. Estes segmentos são enumerados de dentro para fora do core business de microcomputadores, na melhor maneira possível:

1. Segmentos dentro do core (microcomputadores vendidos a alunos do ensino fundamental nos Estados Unidos).
2. O próprio core (o mercado global de microcomputadores).
3. Concorrentes indiretos para informática (por exemplo, terminais "burros" ligados à rede).
4. Produtos aprimorados para microcomputadores (por exemplo, servidores low-end e estações de trabalho).
5. Equipamentos de apoio "de computação" (eletrodomésticos e aparelhos portáteis).
6. Produtos complementares, mas negócios diferentes (software, carregamento de software, provedores de serviço da Internet, periféricos).
7. Extensões da linha de produtos (dispositivos de armazenamento, serviços aprimorados).
8. Atividades da cadeia de abastecimento a montante da cadeia (componentes, computação "em nuvem", armazenamento remoto).
9. Atividades a jusante (varejo, distribuição).
10. Outros negócios que podem compartilhar custos com um negócio de microcomputadores.

Obviamente, a maioria dos recursos deve ser utilizada para defender e expandir o core business do negócio de microcomputadores, deter novos concorrentes nas fronteiras e buscar serviços e produtos complementares para aprofundar o relacionamento com clientes e aumentar seu gasto. No entanto, seria muito cedo para definir a empresa e desenvolver estratégia sem considerar o profit pool total do setor de microcomputadores, incluindo-se o poder do fornecedor e do canal e o potencial de novas tecnologias incontroláveis fora das fronteiras tradicionais. Certos concorrentes definiriam seu próprio core de modo diferente, dependendo de seus pontos fortes. Porém, a definição do setor seria a mesma para todos, estendendo-se à lista anterior (itens 4 a 9).

Definir uma área como não core, no mínimo por enquanto, talvez seja tão valioso quanto defini-la como core. Ao retirar determinado cenário competitivo da pauta, direciona-se a organização e sobram recursos e atenção para as batalhas mais importantes. Sem tal direcionamento, as organizações tendem inerentemente a adicionar negócios e prioridades. Esta é uma tendência onerosa em empresas bem-sucedidas com um número cada vez maior de possíveis caminhos à frente.

Definir o core, é claro, requer definir o que é obviamente irrelevante e o que é indefinido ou difícil de ser definido e que precisa ser minuciosamente monitorado ou previsto. As decisões-chave que necessitam ser previstas nessas áreas indefinidas, as chamadas fronteiras indistintas, são:

- Preciso expandir minha definição para incluir um novo segmento ou tecnologia? Em caso afirmativo, preciso acrescentá-lo? Como?
- As dinâmicas competitivas na área cinzenta têm a probabilidade de afetar o tamanho do profit pool no meu core business? Em caso afirmativo, como? E como devo reagir?
- Os concorrentes que no momento não estão ameaçando provavelmente tentarão chegar aos meus clientes principais? Em caso afirmativo, o que devo fazer?
- Há recursos ou habilidades de que necessito internamente para conseguir entender e, portanto, prever as dinâmicas adjacentes ao meu core atual?
- Há parcerias ou alianças que posso formar para proteger e estabilizar minha posição econômica em torno do meu core?

Quase toda empresa possui um core e um conjunto de adjacências complexas e crescentes. Definir o core é crítico, mas a extrema cautela no monitoramento de áreas ou concorrentes considerados temporariamente não core pode ser tão importante quanto, para o crescimento sustentável a longo prazo. Como os exemplos e análises neste livro mostram, o equilíbrio entre manter o core forte e adaptar-se às ameaças e oportunidades em negócios adjacentes é o ponto central da estratégia de crescimento.

Diferenciar para Obter Influência e Poder de Mercado Únicos

A diferenciação bem-sucedida gera influência e poder de mercado duradouros sobre clientes e/ou concorrentes. Esta seção discute a métrica tradicional, participação de mercado relativa e a seguir explora fontes alternativas de influência e poder de mercado, que as empresas criadoras de valor sustentável estão usando em seu benefício. O potencial crescente para conquistar influência e poder de mercado substanciais na ausência de escala confere aos seguidores fortes e novos entrantes maior vantagem estratégica do que nossos dados sobre setores estáveis sugerem, embora enfrentem um conjunto de condições rígidas no caso de seguidores fortes.

Fontes e Medidas Tradicionais do Poder de Mercado

Nossos dados das duas últimas décadas mostram de forma consistente que a maioria das empresas de crescimento sustentável conquistou a liderança em seu core business, segundo as medidas de sua participação no mercado em relação ao concorrente maior e mais próximo. Apesar do discurso atual sobre "novos modelos de negócios" e das várias situações nas quais o poder de mercado pode ser protegido em um nicho ou reside em "desafiantes" novos, pequenos e em crescimento, a participação relativa ainda é a fonte predominante de poder de mercado e a melhor métrica para ser aplicada inicialmente. A fonte original de poder de mercado não é, em geral, escala. Esta é o resultado de outras formas de diferenciação como controle de canais ou desenvolvimento de produtos. De certa forma, a escala é o resultado da vantagem competitiva intrínseca ao core da empresa. Contudo, três quartos das empresas mais lucrativas no cenário competitivo possuem participação relativa no mercado superior. Este diferencial é responsável, na maioria dos casos, por custos e lucros superiores.

Na análise de seiscentas empresas em mais de oitenta setores, determinamos a taxa de rentabilidade média sobre o custo de capital comparada à participação relativa no mercado. Verificamos de maneira consistente que o retorno médio para empresas com fraca participação relativa no mercado (menos de 30% do tamanho do principal concorrente) foi 16 pontos percentuais menor do que para empresas com participações relativas de mercado que eram pelo menos 2,5 vezes maiores do que as de seus principais concorrentes. Embora a participação relativa no mercado tenha sido recentemente criticada em artigos de negócios por ser utilizada como a única medição de influência e poder de mercado, ela permanece uma métrica significativa em um grande percentual de setores.

A participação relativa de mercado orienta claramente a influência do mercado, posição de custos e *economics* de liderança resultantes em vários segmentos como varejo (Wal-Mart), entrega de encomendas (UPS), supermercados (Tesco, no Reino Unido, ou Publix, nos Estados Unidos, por exemplo), e telecomunicações (AT&T). Analisamos de maneira mais sistemática os elementos centrais dos modelos de negócio das líderes e constatamos que em 60% dos casos, a fonte mais importante de poder de mercado era a liderança relativa de custos, impactando tanto a formação de preços como a taxa de reinvestimento. Nos 40% restantes, constatamos também que os *economics* de custo e escala relativa foram importantes em metade dos exemplos. Todavia, há muitos negócios nos quais o poder de mercado e desempenho competitivo são conduzidos fortemente pela capacidade de criar produtos diferenciados que tenham apelo junto ao consumidor em um nível superior (P&G, Apple e BMW são exemplos que apresentamos) e alguns casos nos quais a fonte de vantagem comparativa foi estabelecer uma posição de comando como um "ponto de controle" físico no mercado (o exemplo clássico é o sistema operacional da Microsoft para microcomputadores). E, é claro, às vezes um negócio começa pequeno e cresce com um modelo de negócio altamente diferenciado que, com crescimento e desenvolvimento, alcança economias de escala e obtém *economics* de liderança e posição de custos (Amazon e Nike podem ser exemplos de tal evolução na fonte de *economics* de liderança).

Desenvolvendo Influência e Poder de Mercado

Ao examinar a fonte de poder de mercado para as 100 principais pequenas empresas e para a amostra de nossas criadoras de valor sustentável, encontramos quatro maneiras básicas segundo as quais as empresas adquirem influência e poder de mercado em cenário competitivo no core business e, assim, geram escala. Elas estão representadas na Figura 2.2. Esses métodos estão disponíveis para todas as empresas – líderes e seguidoras. A empresa que está questionando sua estratégia de crescimento deve se perguntar qual dessas é a verdadeira fonte básica de influência e poder.

Fidelidade do Cliente. A forma mais intensa de poder de mercado se origina no desenvolvimento de um nível alto e estável de fidelidade em segmento bem definido de clientes. Um simples aumento de 5% na retenção dos melhores clientes de uma empresa de cartão de crédito pode gerar aumento na criação de valor igual a 75%. Este crescimento tem origem no aumento do valor total do cliente, através da captura de novos clientes indicados pelo cliente fiel e do aumento constante dos ganhos com o cliente resultado de melhora na retenção e fidelidade. Como a maior retenção

Baseado no cliente	Baseado no canal	Baseado no atributo ou produto	Baseado no capital
• Relacionamento e serviço superiores (fidelidade) • Altos custos de mudança • Informações superiores sobre comportamento/necessidades • Modelo de negócio construído em torno de novo segmento	• Predominância do canal • Parceria com importantes participantes do canal • Ponto de controle em determinada rede	• Produção de baixo custo • Aspectos únicos/superiores • Produtos inéditos • Patentes • Alta participação nas compras do cliente	• Alta valor de mercado gerando moeda de aquisição • Disponibilidade de capital, permitindo às empresas investirem mais que seus concorrentes

2-2 Empresas Adquirem Influência e Poder de Mercado de Várias Maneiras

impede a diminuição do crescimento, um aumento constante na empresa faz com que ela incremente sua taxa de crescimento de 5% a 10%. Pouquíssimos aprimoramentos na empresa causam impacto tão impressionante em seu crescimento lucrativo sustentável.

A fidelidade dos clientes pode ser desenvolvida como vantagem competitiva em um segmento existente de clientes, como a USAA (United States of America Army – Exército dos Estados Unidos) fez para garantir as necessidades de membros antigos e atuais do serviço militar. Hoje, ela possui taxa de retenção dessa população superior a 98% e vende em média 4,5 produtos a cada cliente, desempenho quase único de participação nas compras. Ela monitora sistematicamente cada cliente durante 23 estágios, coordenando a fundo seus programas de marketing e vendas em torno desses eventos de maior propensão à compra.[14] A conquista de influência e poder de mercado por meio da fidelidade de clientes nesses casos se origina na mudança do foco em custo para o foco em cliente juntamente com a oferta de excelente nível de serviço e profundo conhecimento dos seus clientes.

A outra maneira de obter influência e poder de mercado por meio do foco no segmento de clientes e na fidelidade é identificando ou até mesmo criando um segmento completamente novo e dominando a experiência deste segmento com determinado produto ou serviço. A Starbucks cresceu durante os anos 1990 a uma taxa anual de 55% comparado ao mero crescimento de 1,3% no consumo de café. A Starbucks atende oito milhões de clientes por semana, que surpreendentemente fazem em média 18 visitas por mês às suas lojas e, em geral, dirigem oito quilômetros para comprar seu café Starbucks. Parece que o efeito medicinal da mistura rica e forte é a explicação simplificada para essa fidelidade. No entanto, o café de outras empresas também é forte. O apelo vem da combinação cuidadosamente orquestrada do produto, ambiente e capilaridade. Certamente, muitas outras empresas, como a Nestlé, tiveram a ideia e capacidade de desenvolver uma cadeia de cafés, mas nenhuma utilizou sua liderança para fazê-lo. A influência e o poder de mercado da Starbucks se potencializaram por meio de escala, mas não se iniciaram com ela. É interessante notar as recentes dificuldades enfrentadas pela Starbucks quando o seu fundador decidiu retornar ao comando da empresa, comentando que acreditava que a essência do core da empresa havia sido diluída e prejudicada com o tempo – e anunciando um retorno aos valores essenciais originais de práticas dedicadas ao consumidor que levaram ao seu sucesso original.

Fred Reichheld, por exemplo, documentou em uma série de livros escritos na última década os mecanismos de funcionamento dos *economics* de lealdade do cliente. No centro de um core forte estão quase sempre um grupo de clientes essenciais fiéis. Encontramos fortes evidências que comprovam que um negócio em cada dez dentre os que definimos como criadores de valor sustentável no Capítulo 1 não apenas tendem a explorar os *economics* de liderança em seu core business, mas também contavam com índices de apoio do consumidor que eram, em média, 15 a 20 pontos percentuais mais altos que as pontuações das empresas que não eram criadoras de valor sustentável. Em seu livro mais recente, *A pergunta definitiva*, Reichheld apresenta dados convincentes que comprovam o valor econômico de tais clientes essenciais – que ele chamou de promotores. Em segmento após segmento, a força propulsora por trás de um core business robusto é um percentual muito acima da média de tais consumidores promotores.[15] Alguns exemplos de empresas com percentuais altíssimos de "promotores" em sua base de clientes são o Walgreens (55%), USAA (94%), Costco (81%) e AFLAC no segmento de seguros-saúde (47%).

Domínio do Canal. Estabelecer liderança de canal novo ou já existente na distribuição de produtos ou serviços é o segundo modelo mais comum de conquista de influência e poder de mercado, às vezes a partir da posição de empresa seguidora. Esta descoberta não é nova. Foi assim que Veneza passou de vila de pescadores à cidade europeia mais próspera nos idos de 1400, controlando o canal por onde especiarias e chá chegavam ao ocidente.

A liderança do canal foi também a maneira pela qual a Dell estabeleceu seu poder de mercado na década de 1990 (as "ações que mais se valorizaram na década", segundo o *Wall Street Journal*) e passou de start-up a líder global em microcomputadores e estações de trabalho. Componentes para computadores e até mesmo computadores montados estavam disponíveis para venda por catálogo bem antes de a Dell existir. No entanto, ninguém viu seu potencial para ganhar participação tão claramente quanto Michael Dell. A venda direta, e não por meio de camadas de distribuidores, revendedores e intermediários no varejo (como a Compaq e IBM vendiam seus computadores na época), apresentavam vantagens econômicas poderosas: menor custo devido ao menor número de intermediários e menores acréscimos no preço de venda por intermediários, menor estoque e componentes mais recentes (de maior margem) em média devido ao período de espera do estoque de seis *versus* 70 dias e um canal de distribuição adaptado em termos de custo e serviço para cada segmento de clientes. A genialidade de se desenvolver esse canal não foi apenas seu menor custo, mas também seu potencial para um melhor nível de serviço ao cliente e sua capacidade de ser turbinado via Internet. A vantagem estrutural natural que este canal direto apresentava era 10% a 15% maior do que seus concorrentes a um décimo dos níveis de capital e estoque normalmente empregados.

A Internet proporcionou a muitas empresas o potencial para entrarem e ganharem influência e poder de mercado no novo canal de vendas on-line em seu setor. Usando recursos existentes, a Charles Schwab usou a Internet de forma brilhante para vencer os concorrentes no mercado de administração de recursos e corretagem até se tornar líder absoluta. Estimamos que a Schwab possui três vezes a participação relativa de mercado do volume de negociação on-line e capta significativos 70% do total do profit pool on--line. Comparemos isso à sua participação no lucro em canais tradicionais, que estimamos ser por volta de 12%.

Diferenciação no Desenvolvimento de Produtos. O poder da diferenciação por meio de desenvolvimento superior de produtos é a forma mais rara de influência e poder de mercado em nossa amostra de empresas criadoras de valor sustentável. Nossa análise indica que menos de 5% chegaram lá por essa capacidade. No entanto, as empresas que de fato elaboram mecanismos de desenvolvimento superior de produtos quase sempre conseguem entrar em novos mercados, dominados por empresas tradicionais, e obter participação de mercado com rentabilidade.

A indústria do entretenimento – considerando-se artistas e equipamentos – é uma das indústrias onde tal diferenciação tem importância crucial. Por exemplo, há 10 anos, em 1999, a Sony era uma empresa com faturamento de US$63 bilhões crescendo 13,9% de 1996 a 1999 e a impressionante margem de lucro de 48,9%. A Sony possui longa história, desde sua fundação em 1946, como empresa de bens eletrônicos de consumo, de crescer pela alavancagem de produtos inovadores. Seu primeiro desafio, enfrentado pelo fundador Masaru Ibuka, foi criar o primeiro rádio japonês de tamanho de bolso. Este core business forte e profundo permaneceu e foi se adaptando durante o meio século que se seguiu. Por exemplo, ela entrou no ramo de televisores em 1968 e logo superou grandes concorrentes com seu televisor Trinitron, devido à qualidade superior de cor e nitidez de imagem. Hoje a TV Sony é o padrão do setor. Outro exemplo: em 1995, ela enfrentou a Sega e a Nintendo no mercado de videogames domésticos e conquistou a liderança de mercado – por um tempo. Acabou perdendo sua posição para a Nintendo quando esta lançou o Wii, oferecendo ao mercado um avanço notável em interatividade graças à sua interface exclusiva, uma característica do produto que não estava relacionada com a escala histórica, e que arrebatou a posição de liderança menos de um ano após seu lançamento. De modo igualmente dramático, a Sony perdeu sua posição para a Apple no mercado de tocadores portáteis de música (onde o Walkman havia sido o pioneiro). No início de 2008, a Apple havia conquistado mais de 71% da participação de mercado de tocadores portáteis de música com seu iPod. Os produtos da Sony não figuravam mais na maioria dos gráficos de participação de mercado – um grande testemunho do poder das funcionalidades do produto e interfaces com o usuário em um negócio de manufatura global.

Obtenção de Capital. Apesar de este livro não ser dedicado ao assunto, ele ficaria incompleto caso não mencionasse pelo menos o poder de mercado que surge quando um concorrente tem acesso a capital (ou capital de baixo custo) e os outros não. Na última década vimos essa história se repetir de várias formas distintas para negócios cujo "core" incluía acesso privilegiado ao capital. Uma forma pela qual o acesso ao capital é essencial para a vantagem competitiva é encontrada nas economias em desenvolvimento. De forma geral, as economias em desenvolvimento têm prêmios mais altos de risco e mais dificuldade de acesso a capital para projetos muito grandes ou aquisições. Tais circunstâncias, com o passar dos anos, promoveram o surgimento de vários tipos de conglomerados como os *chaebol* na Coreia, onde o acesso ao capital representou uma vantagem essencial digna de nota. A segunda maneira pela qual o acesso ao capital proporcionou vantagens competitivas é em situações como a crise financeira mundial de 2008-2009, quando a liquidez secou. Empresas nessas situações como as grandes firmas de private equity, fundos soberanos e empresas com forte posição de liderança e fluxo de caixa constatam que o acesso privilegiado ao capital é uma vantagem competitiva essencial em relação aos concorrentes, possibilitando manobras com enormes implicações competitivas no longo prazo.

Busque o Potencial Total do Core Forte da Empresa

Nosso argumento até agora pode ser resumido assim: pouquíssimas empresas crescem e geram valor de maneira sustentável durante períodos inferiores a 10 anos. Aquelas que o fazem tendem a se concentrar em um, ou no máximo dois core businesses nos quais são líderes incontestáveis ou, nos casos raros de fortes concorrentes, onde conseguem simular as condições econômicas que resultam da liderança do mercado. Estas condições, aliadas ao poder de mercado, dão às empresas mais rentabilidade, maior controle sobre o total dos lucros do setor e maior controle sobre o capital a ser investido em suas arenas competitivas. Em geral, como no caso da Coca-Cola, Intel, Cisco, Wal-Mart, UPS, Toyota, Tesco, SAP ou Microsoft, a aplicação contínua de liderança econômica resulta primeiro em crescimento que supera os demais no setor e, depois, em liderança "tradicional" de escala. Por exemplo, dois terços de nossas empresas criadoras de valor sustentável cresceram mais rapidamente do que a média do setor e, assim, ganharam participação em seus mercados. De fato, a empresa criadora de valor sustentável média em nosso banco de dados apresentou crescimento duas vezes mais rápido do que seu setor em faturamento e mais de três em lucros totais. Então, como a maior parte das empresas são seguidoras, é natural que surja a questão: Como conseguem obter poder de mercado e simular os *economics* de liderança?

Durante as discussões sobre criação de valor sustentado, deixamos clara nossa crença de que muitas empresas possuem, ou já possuíram, os ingredientes certos, mas de alguma forma fracassaram no reconhecimento do potencial de seu core lucrativo. Esse fracasso levou empresas a reduzirem o investimento no core, a estabelecerem metas de desempenho baixíssimas (levando à gestão inadequada), ou a abandonarem o core muito cedo em busca de territórios aparentemente melhores em setores novos ou mais em voga. Parece que as empresas possuem uma tendência arraigada para subestimar três aspectos do core:

1. Retornos crescentes pela liderança, resultando em maiores lucros.
2. Influência sobre recursos disponíveis para investimento, resultando em vantagem competitiva.
3. Influência sobre o profit pool total do setor, resultando em acesso a oportunidades superiores de crescimento lucrativo em atividades adjacentes.

Retornos Crescentes pela Liderança de Mercado

Quanto a minha empresa deveria estar ganhando? Onde entram lucro e retorno em termos de metas de investimento e expectativas para a administração? São questões fundamentais que todo CEO precisa responder a cada ano. E muitos erram as respostas porque não reconhecem o potencial total de seu core business e os retornos crescentes sobre o investimento na sua posição de mercado. Ao fazê-lo, gestores definem metas muito baixas, desenvolvem planos de investimento muito modestos, atingem crescimento muito pequeno, observam as trajetórias de participação de mercado se achatarem e encorajam os concorrentes a investirem mais.

Mas até que ponto os retornos crescentes são fortes no core? A resposta varia segundo o setor e situação competitiva. No entanto, o padrão geral pode ser visto ao voltarmos à nossa base de dados transetorial. Nossos resultados, mostrados na Figura 2.3, indicam que empresas próximas à paridade com suas concorrentes ganharam retorno sobre capital igual a 11%. No entanto, líderes de mercado obtiveram retorno de 14%, e fortes líderes de mercado viram essa porcentagem chegar a impressionantes 18%.

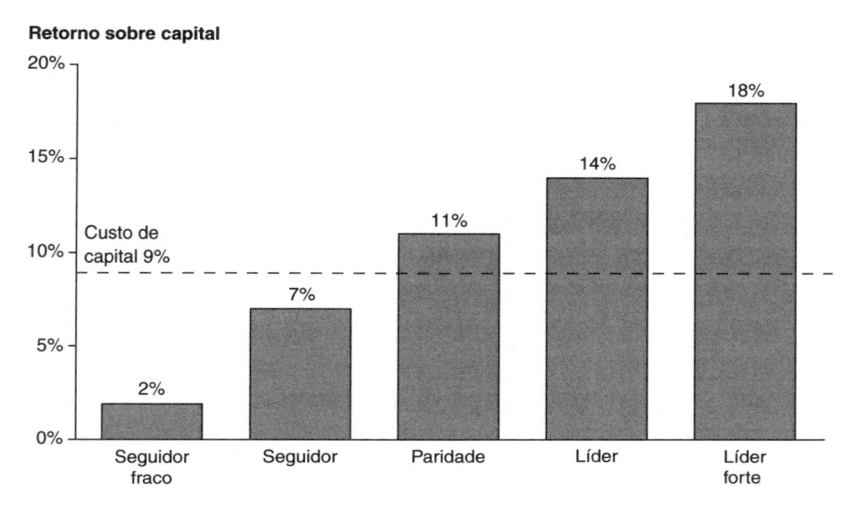

Retorno sobre capital

2-3 **Liderança de Mercado Gera Retornos Crescentes**

Fonte: Base de dados CapitalIQ; experiência da Bain, análise da Bain.

Observação: Retorno sobre o capital definido como EBIT* (1-taxa)/(capital de giro líquido + propriedade, planta e equipamentos líquidos + goodwill). Média de mais de 600 empresas em mais de 80 mercados diferentes. Posição de líder/seguidor determinada de acordo com o tamanho em relação ao maior concorrente.

Um exemplo de empresa que desenvolveu posição de liderança fortíssima e fracassou, durante certo tempo, no reconhecimento de seu potencial total de lucro é a Dun & Bradstreet Credit Services. Esta empresa tem raízes no início de 1800, quando cartas de recomendação de banqueiros e importantes cidadãos locais, como homens do clero, eram utilizadas para incentivar executivos a conceder crédito aos comerciantes. O sistema funcionou bem em mercados locais pequenos onde membros da comunidade se conheciam, mas quando a economia dos Estados Unidos cresceu, o método deixou de ser viável. Além disso, a depressão de 1837 testemunhou o fracasso de mais de 600 bancos, aumentando a ansiedade de quem concedia empréstimos e acentuando a necessidade de método confiável de definição de risco de crédito. Pouco depois, duas empresas foram fundadas, R.G. Dun & Company e John M. Bradstreet Company. Durante quase um século, essas rivais lutaram, ambas crescendo e anulando a lucratividade da outra, de forma que nenhuma das duas ganhava margem competitiva duradoura. Em 1933, com a aproximação da Grande Depressão, elas se fundiram para reverter sua situação de lucros cada vez mais incertos.

Assim foi a origem da atual Dun & Bradstreet Corporation. A fusão de líderes rapidamente se tornou lucrativa e prosperou durante 50 anos. Por volta de 1980, as receitas da empresa somavam US$1,2 bilhão, do qual cerca de US$500 milhões eram provenientes da atividade de crédito. Este, ao contrário das empresas separadas do início do século XX, possuía participação relativa no mercado superior a seis vezes a do rival mais próximo, margem operacional de 11,2% e gerava lucros de US$56 milhões, posicionando-se no alto escalão do desempenho empresarial nos Estados Unidos. Todavia, a década seguinte provaria que o negocio ainda tinha um desempenho abaixo do esperado.

Sob o comando de novos CEO e COO, a empresa reavaliou sua atividade de crédito e concluiu que seu core lucrativo estava operando abaixo do potencial total de crescimento e lucro. Durante os anos seguintes, aumentou sua taxa de reinvestimento, informatizou seu banco de dados, introduziu novos conceitos de marketing em seu pacote de dados, melhorou a qualidade de suas informações e fixação de preços e acrescentou serviços de voz e de distribuição on-line. Por volta de 1990, as vendas na atividade de crédito tinham dobrado para quase US$1 bilhão, a margem operacional, expandido quase três vezes para 28,2% e lucros aumentado para US$269 milhões. Mesmo em 2008, após ondas de novas tecnologias de informação afetando o negócio, o negócio de crédito da D&B permanece na liderança de mercado com altas margens, *economics* de liderança e capacidade e incentivo para realizar investimentos superiores aos de seus concorrentes.

O importante aqui não é a estratégia exata da empresa, mas a quantidade de ouro a ser extraída em seu core business, com origens anteriores à Guerra Civil. O caso Dun & Bradstreet ilustra o valor oculto do core business robusto e a validade de nossa conclusão de que quanto melhor o desempenho da empresa, maior a probabilidade de que ele esteja abaixo de seu potencial total.

Influenciando o Reinvestimento no Setor

Investigando detalhadamente 20 pares concorrentes, analisamos até que ponto nossas empresas criadoras de valor sustentável superam o investimento de seus concorrentes no core business. Estimamos a taxa de reinvestimento como sendo a soma dos dispêndios com ativos fixos, pesquisa e desenvolvimento e propaganda em relação às vendas. As empresas criadoras de valor sustentável investiram taxa de 15,3%, quase duas vezes a de seus rivais, igual a 8,7%. O reinvestimento relativo é uma das razões pelas quais dois terços de nossas empresas criadoras de valor sustentável cresceram muito mais do que a média de seus setores durante os 10 anos de nosso estudo. Em nosso trabalho de consultoria para grandes empresas, verificamos que a taxa relativa de reinvestimento é pouco monitorada e analisada, mas contém inúmeras informações sobre o futuro e a dinâmica competitiva do setor. Planejar estratégia sem coletar e interpretar taxas de reinvestimento de concorrentes é como prever o tempo sem verificar a temperatura ou velocidade do vento.

Consideremos o famoso caso da Intel do ponto de vista de seu foco histórico no core e seus níveis relativos de reinvestimento. Em 1980, a Intel era menor em valor total de mercado do que a Advanced Micro Devices e a National Semiconductor. Hoje, o valor de mercado na Intel é 20 vezes superior ao valor combinado da AMD e National Semiconductor. Desde 1984, a AMD e a National Semiconductor observam a inconstância no preço de suas ações.

Parte da história é que nas décadas de 1980 e 1990 a Intel direcionou seu foco estratégico e, ao mesmo tempo, adotou estratégia preventiva de reinvestimento. A Intel, investindo na mesma proporção que seus rivais em 1984, restringiu o foco de seu investimento (de memória, conjuntos de chips e circuitos lógicos integrados para apenas chips lógicos). Também aumentou sua taxa de gastos em recursos manufatureiros novos e de baixo custo e novos produtos (como a família Pentium de chips). Seus gastos durante aquele período aumentaram de US$300 milhões por ano, em média, para US$2 bilhões em 1992 e mais de US$7 bilhões em 2000. Por outro lado, o gasto da AMD e da National Semiconductor, enquanto perdiam cada vez mais terreno, permaneceu entre US$500 milhões a US$1 bilhão por ano.

Ao analisar o passado, um ex-diretor da empresa de microprocessadores da Intel que entrevistamos disse:

> No início dos anos 1980, a maioria das empresas de semicondutores tentava ser tudo para todos. Decidimos tomar outro caminho, saindo do setor de memória e concentrando todos os nossos esforços no desenvolvimento de chips digitais lógicos para microcomputadores. Nosso princípio básico de investimento se tornou: "É preciso aten-

der à nave mãe", que era a atividade de microprocessadores, ou não receberia fundos. Nos 15 anos seguintes, aumentamos nosso nível de investimento em relação à concorrência enquanto nos focávamos, evitando qualquer diversificação exceto aquela que claramente reforçasse o nosso core.[16]

O consultor de investimentos on-line, Motley Fool, comentou recentemente:

> Assistir à batalha da Intel e da AMD (Advanced Micro Devices) é quase como assistir ao jogo entre o Harlem Globetrotters e o velho Washington Generals. O Globetrotters (Intel) precisava do Generals (AMD) para jogar, mas não havia dúvida sobre quem venceria a partida.[17]

Influenciando o Potencial Total de Lucros do Setor

Pode-se considerar que todo core business rentável se situa no centro de uma rede complexa ligando fornecedores diretos, fornecedores de fornecedores, clientes diretos, clientes de clientes, produtos complementares, produtos substitutos, concorrentes e assim sucessivamente. Michael Porter descreveu de forma elegante essas interconexões em muitos de seus textos sobre estratégia e posicionamento.[18] No final de cada uma dessas conexões há, em geral, um montante de lucros e superávit econômico. A medida do poder de liderança de uma empresa em seu core business influencia até onde ela pode moldar ou mesmo participar desse montante de lucros adjacentes ao seu próprio core.

Talvez este conceito pareça abstrato, mas não é. Os efeitos propagadores que o Wal-Mart pode projetar em toda sua rede de fornecedores, e os fornecedores deles, e os fornecedores dos fornecedores deles são de interesse estratégico primordial para os fornecedores cujos lucros aumentam e diminuem com as oscilações de um único cliente. A capacidade da Coca-Cola de influenciar, com facilidade, outras categorias de refrigerantes e talvez até mesmo o setor de água mineral mostra como a liderança proporciona oportunidades adjacentes de expansão nem sempre disponíveis aos que ocupam posição de seguidoras. Assim, o terceiro valor oculto da liderança de mercado é a capacidade de moldar o profit pool de um setor e projetar seu poder e influência em atividades adjacentes atraentes.

Analisemos o caso da W.W. Grainger, empresa fundada em 1927 que se tornou o principal distribuidor business-to-business de pequenas peças e materiais industriais para manutenção e reparos. A Grainger oferece mais de 200 mil produtos, de circuladores de ar, motores, ventiladores e geradores a ferramentas manuais e instrumentos de teste, para atender às necessidades de mercados variados, incluindo clientes institucionais, industriais, comerciais e empreiteiros. Todos os produtos estão disponíveis on-line ou em filiais locais. A Grainger possui 350 filiais nos Estados Unidos e em Porto Rico. Na verdade, 70% de todas as empresas dos Estados Unidos estão situadas a 20 minutos de uma filial da Grainger.

Durante os anos 1970, a empresa cresceu, com lucratividade, a uma taxa de 11% ao ano. De repente, em 1980, sua taxa de crescimento caiu para 2%, persistindo até 1985. A performance atraente do preço das ações da empresa caiu e lucros por produto em estoque começaram a diminuir. A questão era se a Grainger – três a quatro vezes maior e mais lucrativa do que seus concorrentes mais próximos – havia atingido os limites de expansão do seu setor. Em seus mercados, produtos e áreas geográficas tradicionais, sua participação de mercado podia ser calculada em 40%. Além disso, sabia-se que a atividade de distribuição industrial era infestada por concorrentes pequenos e administrados por famílias que conseguiam operar com margens mínimas durante muito tempo. Será que a possibilidade de crescimento do core business da Grainger chegara ao fim?

A empresa desenvolveu um importante projeto para determinar seu potencial total de crescimento e as barreiras para alcançá-lo. Descobriu que havia errado a avaliação do potencial total de seu core business em 10 vezes! O que acreditara ser um mercado de US$3 bilhões para seu core business era, de fato, um mercado potencial de US$30 bilhões. A Grainger verificou que a capilaridade das lojas gerava participação relativa de mercado e lucratividade, e que poderia acrescentar muitas outras em suas áreas geográficas tradicionais. A adição de lojas diminuiu o tempo de deslocamento dos clientes às filiais e aumentou radicalmente as vendas. Além disso, a empresa se concentrara tradicionalmente em produtos e compradores industriais especializados – principalmente produtos eletrônicos e peças elétricas. No entanto, a estrutura de filiais da Grainger e reconhecimento da marca por 85% dos clientes poderiam ser alavancados e transformados em vendas de maior variedade de produtos para maior variedade de clientes, com baixo custo marginal. A empresa agora era capaz de acrescentar uma linha completa de produtos ao seu core tradicional de clientes. Juntas, a maior densidade geográfica das lojas e maior participação nas compras do cliente diminuíram custos, aumentaram a capacidade de investir em clientes principais e melhoraram os níveis de serviço.

A Grainger logo identificou e atacou suas lacunas para atingir o potencial total e colheu resultados excepcionais. O faturamento da empresa cresceu de US$1,1 bilhão em 1985 para US$4,8 bilhões em 1999, e alcançou US$6,9 bilhões ao final de 2008 – uma taxa anual de 8%, quase duas vezes a taxa básica de crescimento do setor para os produtos básicos que ela vende. Durante este período, a empresa dobrou sua taxa de reinvestimento e aumentou em 10 vezes o mercado potencial que seu core business forte buscava. O exemplo da Grainger é outro testemunho a favor do poder de um core focado com *economics* de liderança em um mercado com várias adjacências possíveis para o crescimento.

Definir o Core Lucrativo

Em nossa experiência, a definição de negócio é uma das atividades mais frustrantes para executivos da alta gerência. Embora líderes empresariais saibam que precisam de resposta clara para a pergunta "Qual é nosso core business?", é difícil chegar a uma definição satisfatória. Parte do problema se origina da indefinição de tópicos distintos, mas relacionados, que precisam ser considerados um de cada vez e então integrados de forma homogênea ou dentro de uma estrutura única. Ao trabalhar na definição de negócio, executivos devem fazer a si mesmos as seguintes perguntas:

1. Quais são as fronteiras da empresa da qual participo? Até onde são fronteiras econômicas "naturais" definidas pelas necessidades do cliente e *economics* básicos? Que produtos, clientes, canais e concorrentes elas englobam?

2. Quais são os ativos e capacidades essenciais necessários à concorrência eficaz dentro do cenário competitivo?

3. Como é meu próprio core definido por aqueles clientes, produtos, tecnologias e canais por meio dos quais ganho retorno hoje e consigo competir com eficácia com meus recursos atuais?

4. Qual é o fator-chave diferencial que me torna único para meus clientes principais?

5. Quais são as áreas adjacentes ao meu core, e as definições da minha empresa e setor, que apresentam a probabilidade de mudar, alterando o cenário de clientes e competição?

Para ilustrar a importância dessas perguntas, consideremos produto e empresa famosos como a Enterprise Rent-A-Car. O negócio no qual a Enterprise opera é o mercado de locação de veículos, incluindo negócio, lazer, leasing de pequena frota e reposição do veículo no caso de acidente. Durante anos, a Avis e a Hertz também acumularam qualificações e ativos na gestão de frotas, reservas, gestão de preços, rede de filiais e gestão de custos que lhes permitem competir com eficácia na atividade de locação de veículos. O core business da Enterprise, no entanto, é provavelmente o segmento do mercado de reposição de seguro, onde possui mais de 70% da participação e onde seu core original começou e do qual agora se ramifica. As fontes de diferenciação para a Enterprise são o sistema de negócios de baixo custo, capacidade de trabalhar com companhias de seguro e oficinas de funilaria e pintura e sua habilidade de "aproximar" carros e clientes. As áreas adjacentes ao core incluíam locações em aeroportos, para lazer e até mesmo leasing, mas por várias razões estruturais no setor, essas fronteiras parecem estar se desmanchando.

Uma lógica semelhante pode ser verificada em muitos negócios. Consideremos alguns bem conhecidos, como McDonald's no setor de fast-food ou Google nas buscas on-line, e façamos a nós mesmos as perguntas. Nenhuma delas é fácil de responder. Todas dependem da resposta dada à pergunta mais abrangente: "Qual é meu core business?"

Empresas cujo core se ajusta perfeitamente às suas "fronteiras naturais", que possuem vantagem competitiva e que estão no setor onde as fronteiras não estão sujeitas a descontinuidades estão em boa forma. Muitas das empresas em nossa lista de criadores de valor sustentável se encaixam nesse modelo, ao menos durante as várias décadas em que realizamos nosso estudo em nossa base de dados de mais de oito mil empresas. Uma situação mais complexa surge quando os limites naturais do setor são muito diferentes daqueles do core business da empresa, gerando posicionamento instável ou a necessidade de se desenvolver um nicho protegido dentro de cenário mais amplo onde empresas maiores espreitam a periferia do seu core. Um exemplo é a USAA em seguros, onde o core se constitui de produtos financeiros para ex-militares e a empresa prospera entre monstros como Fidelity para investimentos e Allstate para seguros. Outro é a FootJoy em calçados para golfe, com a Nike de um lado e empresas de calçados do outro.

Conclusão

Obter crescimento lucrativo e sustentável é muito difícil sem possuir no mínimo um core business forte e diferenciado sobre o qual se apoiar. O padrão de crescimento mais duradouro é o do core business forte ou dominante que se beneficia do reinvestimento contínuo, adaptação constante às circunstâncias ou ambiente empresarial e alavancagem persistente em novos mercados ou áreas geográficas, aplicações ou canais.

Os três primeiros passos cruciais para a equipe de gestão desenvolver, aprimorar ou reexaminar a estratégia de crescimento da empresa são apresentados neste capítulo: (1) definir as fronteiras do negócio e seu próprio core business; (2) identificar e verificar as fontes de diferenciação que continuarão a gerar influência e poder de mercado com seus clientes, concorrentes e total dos lucros do setor; e (3) examinar minuciosamente o core e avaliar se está operando no seu potencial econômico total (ou próximo dele). Lembremos que o primeiro paradoxo do crescimento é que os core businesses mais fortes apresentam, em geral, baixo desempenho em relação ao seu potencial máximo.

3

O Problema de Alexandre, o Grande

O dilema entre focar no core ou buscar novos territórios é universal e transcende os fenômenos empresariais, englobando desde os problemas de uma nação até como o indivíduo vive sua vida. Sua resolução é também o ponto de partida para os maiores erros e as escolhas mais brilhantes que os líderes fizeram na história dos negócios – e por que não, em toda a história.

Alexandre, o Grande, dominou a maior área da terra jamais conquistada por um indivíduo, estendendo-se do Monte Olimpo ao Monte Everest. Embora não representasse a ideia geral de CEO exemplar, ele conquistou seu reino em menos de quatro anos, cobrindo as quatro mil milhas a pé e vencendo 100% das batalhas – um recorde notável em tão pouco tempo. Mas criou valor *duradouro*? Poucos anos após sua morte, seu império se dissolveu e os territórios conquistados acabaram. O problema de Alexandre não foi o desempenho deficiente ou recursos iniciais inadequados. Foram a falta de estratégia de longo prazo e a incapacidade de explorar e consolidar suas extraordinárias conquistas, do Oriente Próximo ao Nepal, que exauriram os recursos para governar muito além da Macedônia, o centro do império.

A causa de seu impasse – o fracasso em focar o core business (no caso de Alexandre, o sistema de governo) e consolidar o rápido crescimento – exemplifica o problema mais comum em toda estratégia de crescimento.

Nossa análise dos caminhos do crescimento de empresas criadoras de valor sustentável, comparados aos de seus concorrentes, indica que a seleção de novos negócios adjacentes em torno do core business é a decisão que quase sempre gera nova explosão de crescimento lucrativo ou perturbação e estagnação.

Incorporada nessa decisão está o dilema fundamental entre proteger e investir no core business, de um lado, e, do outro, crescer em negócios adjacentes. A maneira pela qual as empresas resolvem esse dilema muitas vezes determina a sustentabilidade de seu crescimento.

Este capítulo se concentra no segundo elemento de nossa estratégia, o crescimento em negócios adjacentes a partir do core. Examinamos três tópicos fundamentais para melhorar as chances de crescimento lucrativo e sustentável:

1. Identificar oportunidades de negócios adjacentes e reconhecer os padrões mais comuns.
2. Avaliar e escolher os negócios adjacentes certos.
3. Evitar erros comuns do crescimento em negócios adjacentes.

Também indicamos como algumas visões comuns de crescimento em negócios adjacentes precisam ser adaptadas ao turbulento meio empresarial atual, com suas fronteiras cada vez mais indefinidas.

Expansão em Negócios Adjacentes

A expansão em negócios adjacentes trata de deslocamentos contínuos da empresa para segmentos ou negócios relacionados que utilizam e, em geral, reforçam o poder do core lucrativo. Com o tempo, esses deslocamentos sucessivos podem redefinir o core business (pela adição de novos recursos) e também proporcionar crescimento em si mesmos. De fato, é por meio do crescimento em negócios adjacentes que uma empresa em setor estável se reposiciona para buscar as fontes de lucros mais atraentes ou para reagir às novas condições ambientais.

Negócios adjacentes são oportunidades de crescimento que permitem à empresa ampliar as fronteiras de seu core business. O que distingue o negócio adjacente de outra oportunidade de crescimento é a extensão na qual alavanca relações com clientes, tecnologias ou habilidades já existentes no core business para obter vantagem competitiva no novo ambiente competitivo adjacente. Exemplos de empresas aproveitando oportunidades adjacentes incluem a mudança da UPS de entrega de encomendas para a área de logística, o salto do Google de busca para o Google Maps e a expansão agressiva da InBev nos Estados Unidos com a aquisição da Anheuser-Busch.

Muitas das empresas de maior êxito que descrevemos neste livro estão em setores com negócios adjacentes riquíssimos. Os diagramas passo a passo de seus modelos de crescimento se assemelham aos anéis concêntricos da seção transversal de uma árvore antiga. Modelos de crescimento orientados por negócios adjacentes são a base do crescimento lucrativo e sustentável de empresas como Tesco, Tetra Pak, Grainger, Microsoft, Intel, Dell e Disney. Consideremos os seguintes exemplos da American Express, Nike e Dell.

A American Express progrediu por meio do crescimento de seu core business durante mais de 150 anos. No core da empresa original estava uma ordem de pagamento capaz de competir com o vale-postal do governo. A dificuldade de estender esse serviço até a Europa deu origem ao principal produto da American Express, o Travelers Cheque, em 1891. Sistemas de pagamento relativos a viagens foram a base do crescimento em negócios adjacentes da empresa, por meio dos lançamentos do cartão de crédito American Express em 1958 e cartão de crédito rotativo Optima em 1987 até a aquisição de mais de 4.500 caixas eletrônicos da Electronic Data Systems no ano 2000.

Como acontece em todo processo de crescimento, nem tudo foi perfeito durante os 150 anos em torno do core business. A American Express foi além de seus negócios adjacentes naturais quando comprou a Shearson Loeb Rhodes em 1981 e acrescentou o banco de investimentos Lehman Brothers ao mix em 1984. Um repórter, ao comentar a iniciativa, disse: "Após infindáveis trocas de nomes e o sofrimento das piores agonias financeiras, a American Express decidiu reduzir seus prejuízos e sair de fininho. A empresa desperdiçou mais de US$1 bilhão, sem falar nas inúmeras horas do time de gestão e anos de oportunidades de investimento perdidos."[1]

Os investidores apoiaram o retorno da empresa ao seu core. Hoje, a American Express aplica uma fórmula poderosa e repetível para a expansão em negócios adjacentes em várias áreas, como a cobrança on-line com seu cartão Blue, e está se tornando a principal fonte de pagamento virtual, ou junto a proprietários de pequenos negócios com o seu novo cartão Plum, oferecendo condições especiais para esse segmento de clientes. Sob o comando do CEO Ken Chenault, a empresa gerou receitas de US$22,4 bilhões, continua seu crescimento lucrativo e sustentável a 16% com 37% de retorno sobre o capital próprio em torno do core original, pouco antes do início da crise financeira global no final de 2007.

Consideremos agora a estratégia que a Nike usou para alcançar taxa média de crescimento de 40% ao ano desde sua fundação como Blue Ribbon Sports em 1964. Ela não usou apenas o core para crescer, mas o fortaleceu e, inúmeras vezes, reaqueceu seu crescimento lento ao encontrar o próximo negócio adjacente lógico e de grande escala no qual alavancava seus pontos fortes.

O padrão de crescimento da Nike reflete ondas sucessivas e distintas de crescimento em negócios adjacentes. De 1976 a 1983, a empresa se concentrou em seu core business de tênis para corridas para aumentar as vendas à taxa anual de 80%, mas o crescimento caiu para zero, em média, de 1983 a 1987. Na era seguinte, 1987 a 1991, a Nike cresceu subitamente ao estender seu negócio de tênis para corrida para novos segmentos de produtos, incluindo vestuário, e reanimou o crescimento a 36% ao ano, caindo em seguida para 8% de 1991 a 1994. De 1994 a 1997, a empresa retomou o foco em seu core de calçados esportivos com ênfase no endosso de celebridades, principalmente a linha Air Jordan, que gerou vendas superiores a US$1 bilhão até junho de 2009. O crescimento foi alimentado novamente pela expansão da Nike em negócios adjacentes como o golfe e o futebol. A Nike estreou no mundo do golfe com Tiger Woods adotando a nova bola de golfe Nike durante o U.S. Open em Pebble Beach no ano 2000, na Califórnia, o qual venceu com um recorde de 15 jogadas.

O padrão variável da Nike é mais extremo do que o padrão entre nossas empresas criadoras de valor sustentável. Consideremos o futebol. Quando os Estados Unidos sediaram a Copa do Mundo de 1994, a receita da Nike com futebol foi de apenas US$45 milhões. Hoje, usando o seu core e uma fórmula repetível poderosa, ela superou a rival Adidas em algumas categorias de principais produtos no terreno da concorrente, a Europa. A Nike atingiu mais de US$5,6 bilhões em faturamento, e adquiriu a Umbro, uma empresa ícone no Reino Unido com uma profunda herança e relações com o futebol. A Nike traz um exemplo impressionante de como o crescimento a partir do core pode arrefecer, criando a necessidade de encontrar nova fonte de crescimento através da realocação de recursos em negócios adjacentes. Tais adjacências, por sua vez, constroem um core robusto – e a fórmula repetível define a maneira como a empresa utiliza seus pontos fortes essenciais e aplica-os em novas oportunidades adjacentes de mercado.

O caminho detalhado do crescimento da Dell Computer ilustra o crescimento simultâneo ao longo de vetores múltiplos: geografia, produtos, segmentos de clientes e serviços auxiliares. A empresa iniciou com vendas diretas, por telefone, de microcomputadores para empresas de médio porte nos Estados Unidos. Desde o início dos anos 1990, cresceu geograficamente até sua posição atual como empresa global com produtos de padrão mundial. A Dell expandiu sua linha de produtos para incluir ofertas cada vez mais elaboradas, como computadores pessoais, laptops, workstations, servidores e armazenamento. Ela também expandiu para segmentos adjacentes de clientes, como empresarial, educação, governos locais e multinacionais, cada um destes servido por protocolo de vendas, estrutura de custo, perfil de lucro e perda, equipe de gestão e modelo de negócio distintos e personalizados. Houve ainda o crescimento dos serviços auxiliares que acompanham os pacotes básicos, da instalação de software, identificação de ativos, serviços on-line à consultoria. Nem todos os setores permitem essa estrutura transparente e lógica de crescimento em negócios adjacentes; em geral, o mundo não é tão linear e geométrico. Porém, no caso da Dell foi, fazendo com que ela fosse considerada a melhor empresa em termos de desempenho nos anos 1990.

A expansão em negócios adjacentes lógicos em tomo do core business é estratégia de ataque, mas também possui implicações de defesa. A construção de proteção lucrativa em tomo do core ajuda a afastar novos invasores ou a bloquear a sequência de jogadas do concorrente que buscam atingi-lo. A entrada da Microsoft no setor de console para jogos contra a Sony e a Sega foi anunciada pela imprensa, na época, como "saída radical de seu core business".[2] Se os consoles fossem considerados hardware com cartuchos de jogos, esta observação seria verdadeira. Porém, a estratégia da Sony para o consumidor residencial inclui o posicionamento de seu produto PlayStation 2 como hub computadorizado para residências. A *Wired* chama o PlayStation 2 de "sistema tão forte que talvez seja o computador de que alguns jogadores e suas famílias precisam", descrevendo-o como parte potencial de uma série de aparelhos domésticos pelo qual "todos se comunicam em rede residencial sem microcomputador".[3] Os desafios para perceber esse potencial envolvem software e não hardware. E, por isso, não entrar no setor de console de jogos residenciais deixaria um dos flancos de software da Microsoft exposto a novo concorrente perigoso.

Alexandre, o Grande, Revisitado

O dilema entre expandir as fronteiras da empresa com sucesso e invencibilidade aparentes e manter o core original é o centro do nosso "problema de Alexandre, o Grande" descrito anteriormente. A série de vitórias de Alexandre conquistadas com um número insuficiente de soldados cansados, viajando de Atenas à Índia, é extraordinária. Em cada etapa, seus soldados se viam diante das opções de parar e consolidar ou continuar a busca de territórios cada vez mais distantes e desconhecidos. Sempre escolhiam a segunda e pareciam ter vencido. Porém venceram de fato?

Consideremos estes exemplos de empresas que buscavam negócios adjacentes desconhecidos e fracassaram, pois não retomaram ao core a tempo de evitar prejuízos graves:

- Em 1994, a Quaker Oats tentou ampliar seu negócio de bebidas Gatorade com a compra da empresa de sucos de fruta Snapple por US$1,7 bilhão. O resultado foi um grande desequilíbrio interno durante vários anos e a revenda da Snapple com prejuízo de US$1 bilhão. Na realidade, havia menos sinergia entre a Gatorade e a Snapple do que a administração imaginara. A empresa de suco constituiu não um negócio adjacente e sim perda de foco.
- Durante uma década, o National Westminster Bank do Reino Unido cresceu agressivamente nos Estados Unidos, mas encontrou concorrência mais acirrada do que seus executivos previram. No final, o NatWest decidiu vender sua empresa nos Estados Unidos para a Fleet, perplexo não apenas pelo dinheiro perdido naquele país, mas também por ter atrasado o progresso em seu mercado core britânico.
- Na década de 1980, a Saatchi & Saatchi lançou importante programa para compra de empresas de serviço profissional, consultorias, empresas de relações públicas e outras de apoio na tentativa de criar uma "de serviços gerais" para seus clientes, mas estes não valorizaram sua ideia e a Saatchi & Saatchi sofreu sete anos de prejuízos. A es-

tratégia de crescimento constituiu diversificação, que destruiu valor pela perda de foco no core business.

- Sob nova administração e nova estratégia de crescimento, a Gucci entrou agressivamente em negócios que pareciam adjacentes de produtos de tecidos rústicos vendidos por meio de canais de massa como lojas de departamentos e duty-free. A empresa também licenciou seu nome para produtos variando de relógios de pulso a perfumes. As vendas cresceram, mas os lucros caíram. A marca Gucci deteriorou. A empresa buscou fontes fracas de lucros para crescimento e diluiu seu core business. Finalmente retomou ao core e restringiu o crescimento adicional não lucrativo.

- Nos anos 1980, a Anheuser-Busch comprou a Eagle Snacks para crescimento em negócios adjacentes que aparentemente faziam todo o sentido. As pessoas comem salgadinhos com cerveja e alguns são vendidos nos mesmos pontos que a cerveja, e os mesmos caminhões poderiam transportar ambos. Porém, essas sinergias potenciais nunca se materializaram. A Frito-Lay controlava o o grosso do mercado de salgadinhos e, implicitamente, os lucros da Eagle. Em 1997, ao ver US$120 milhões perdidos ao mesmo tempo em que seu core business, cerveja, também apresentava problemas, a Anheuser-Busch colocou um fim à sua infeliz ideia de crescimento em negócios adjacentes, vendendo a Eagle à Frito-Lay. Em 2008 a Anheuser-Busch foi adquirida pela InBev, hoje a maior empresa cervejeira do mundo.

Mesmo as melhores empresas continuam a crescer em território desconhecido, apesar da evidência cada vez maior de riscos estratégicos e funcionais. E até mesmo grandes empresas podem errar o caminho em meio à imensidão de possibilidades para negócios adjacentes que as açoitam com grande velocidade e força à medida que crescem e se tornam bem-sucedidas.

A Mattel, por exemplo, decidiu entrar no setor de software em 1999, comprando a The Learning Company por US$3,8 bilhões. Naquela época, a The Learning Company era uma empresa forte, em crescimento, líder absoluta em software educativo. No entanto, a comunidade de investidores estava cética. A The Learning Company apresentava crescimento reduzido, e seu fluxo de caixa de operações caíra para US$43 milhões negativos.

A Mattel seguiu adiante, dizendo: "Estamos entusiasmadíssimos com os benefícios resultantes da combinação de nossas duas grandes empresas."[4] Mas software é, em vários aspectos, um setor difícil e bem distante do setor de brinquedos. Após a aquisição, o desempenho da The Learning Company se deteriorou para perdas de US$100 milhões. Ao comentar as repercussões, o *New York Times* disse:

> Os infortúnios da Mattel ilustram o fato óbvio, mas quase sempre desprezado, de que nem todos os casamentos empresariais são iguais. Alguns são sensatos; outros são extremamente tolos. Com mais fusões ocorrendo a quantidade de dólares de fusões de empresas em todo o mundo aumentou 24% em relação ao ano passado, segundo Thomas Financial Securities Data, investidores precisam estar preparados para desastres.[5]

A Mattel anunciou sua saída do setor de software um ano após sua entrada, vendendo-o quase de graça.

Outra empresa com registro de crescimento em negócios adjacentes mistos é a Gillette. É um dos maiores nomes mundiais de marca, controlando 70% de participação de mercado e dominando o mercado de produtos de barbear durante o último século. A empresa começou em 1895 com o conceito de aparelho de barbear descartável desenvolvido por um vendedor chamado King Gillette, que vivia em Brookline, Massachusetts. Após seis anos de frustração buscando fundos para seu empreendimento, ele uniu forças com um engenheiro do MIT e remodelaram o produto, criando o aparelho de barbear seguro, que decolou como foguete com o conceito revolucionário do autobarbear seguro. A presença do aparelho de barbear Gillette no kit de todo soldado durante a Segunda Guerra Mundial o projetou ainda mais como padrão global.

Durante os 50 anos seguintes, a Gillette permaneceu relativamente próxima ao seu core, acrescentando novos modelos de aparelhos de barbear, cremes de barbear e produtos femininos. No entanto, as últimas décadas assistiram à expansão da empresa em várias direções buscando novos negócios adjacentes, enquanto seu core de produtos de barbear conquistava participação de mercado tão alta que grande parte de seu crescimento tinha que vir da introdução de sistemas mais elaborados como o Sensor, e não do crescimento do volume. Com o tempo, a Gillette expandiu para eletrodomésticos Braun (1967), escovas de dentes Oral-B (1984), canetas Parker Pen (1992) e pilhas Duracell (1996).

Alguns eram justificados por seu impacto em negócios não core, onde a aquisição gerava liderança em nova área core (acrescentar a Parker Pens à Waterman). Outros pela esperança de alavancarem a aceitação do cliente e infraestrutura do negócio core de artigos de higiene pessoal (Right Guard para homens, Toni para mulheres). E outros, ainda, por seu impacto no core business, barbear. Por exemplo, em 1967 a Gillette adquiriu a pequena empresa de eletrodomésticos da Braun para ajudá-la a distribuir melhor seus produtos em mercados internacionais e acrescentar a tecnologia do "barbeador a seco" elétrico da Braun à sua linha de produtos. Esta aquisição teve êxito, reforçando o negócio core, barbear. Com a participação da Gillette, a Braun cresceu de US$70 milhões de vendas para mais de US$1,7 bilhão e é agora a segunda maior contribuinte para os lucros, juntamente com produtos de barbear molhado. Curiosamente, o core business barbear molhado mais as aquisições diretas de ataque e defesa fortemente relacionadas a ele são responsáveis por quase todo o lucro e crescimento adicional da Gillette hoje.

De 1994 até 2005, quando a P&G adquiriu a Gillette por US$57 bilhões, aparelhos de barbear e lâminas ainda eram, quase um século após sua fundação, as fontes principais do crescimento lucrativo e receitas da empresa. Por outro lado, durante o período que antecedeu a fusão com a P&G, a Gillette vendeu vários outros produtos (incluindo cosméticos e itens de papelaria) porque eles apresentavam rendimento abaixo do esperado ou não faziam parte do core business da empresa. Em agosto de 2000 ela vendeu sua "batalhadora divisão de artigos de papelaria" para a Newell Rubbermaid Inc., dizendo: "Nossos recursos serão agora dedicados aos três core businesses."[6]

A Imaging and Printing Systems da Hewlett-Packard é, sozinha, empresa de crescimento sustentável que alavancou o seu forte core original, construído nos anos 1980, para se tomar um lucrativo negócio de US$29 bilhões em 2008. Entre 1984 e 2000, período de enorme crescimento no mercado de impressoras de pequeno porte, a empresa cresceu a uma taxa média anual acima de 32%. O padrão de crescimento passado e o futuro mapa estratégico da empresa demonstram o poder da estratégia que alavanca e continuamente fortalece seu core para gerar negócios adjacentes cada vez maiores e mais promissores. Além disso, mostram como a empresa com alta participação de mercado pode continuar a crescer por meio da busca de negócios adjacentes.

A empresa de imagem e impressão teve começo modesto na zona rural em Boise, Idaho, quando um gerente de empresa de periféricos para computadores foi autorizado a desenvolver a linha de impressoras de mesa, pequenas e de baixo custo, usando o mecanismo de impressão a laser da Canon para uma linha (LaserJet) e a nova tecnologia de jato de tinta desenvolvida pela HP para a outra (ThinkJet). Com sua combinação de alta resolução e baixo custo, esta empresa decolou durante os anos 1980, criando um core forte que ainda persiste (sua participação no mercado norte-americano é 55% em tecnologia de impressoras jato de tinta, e os números na Europa são bastante próximos disso. Como resultado, a posição de mercado da HP é aproximadamente três vezes o tamanho de seu concorrente mais próximo – um enorme avanço em custos, logística, cobertura e percepção da marca).

A Hewlett-Packard conduziu seu crescimento em quatro tipos de negócios adjacentes. O primeiro é em novos segmentos de clientes, por meio da busca contínua de segmentos cada vez mais aprimorados, em tomo dos quais pudesse personalizar e direcionar seu produto core. Um exemplo é o empreendimento de gráficos em formato grande para arquitetos. Alavancando sua participação de mercado de 72% em impressão de formato grande, a HP desenvolveu tecnologia inovadora em jato de tinta que oferecia alta resolução, fidelidade e registro de cor para artistas gráficos e logo conquistou tal mercado. Outro segmento de clientes é o fotógrafo digital residencial, que cresce mais de 300% anualmente, para o qual a empresa desenvolveu impressora com software embutido que permite a inserção de cartões de memória diretamente na impressora, dispensando o uso de um computador conectado a ela.

O segundo tipo de crescimento em negócios adjacentes, motivado pelo negócio tecnológico adjacente e necessidades bem definidas do cliente-chave, é em categorias de produtos relacionados. Uma série dessas mudanças ampliou a definição do negócio da Hewlett-Packard de impressão para processamento de imagem digital. Por exemplo, à medida que os processos de artes gráficas se tornavam cada vez mais digitais, a empresa entrou no mercado de scanners para melhor atender as necessidades do segmento de artistas gráficos. Atualmente é o fornecedor número um de scanners para todos os segmentos. Posteriormente, ela combinou a tecnologia do scanner com impressão para criar os multifuncionais (impressora/scanner/fax) para pequenos escritórios e impressoras multifunção (impressora/copiadora) para o mercado corporativo. Essas duas novas categorias de produtos proporcionaram alto crescimento relativo nos últimos anos. Outro exemplo é a entrada no setor de máquinas fotográficas digitais, na tentativa de oferecer aos clientes soluções de fotografia digital completamente integradas.

O terceiro tipo de crescimento, por meio da busca cada vez maior de produtos básicos e complementares para as linhas de produtos core, é no âmbito mais amplo de produtos para impressoras. Por exemplo, a HP entrou no mercado de papel de marca e atingiu participação altíssima. Um exemplo específico é a linha da empresa de papel especialmente tratado para uso em fotografia digital doméstica, que ocupa a segunda posição no mercado e está crescendo rapidamente com margens altas. Este modelo "lâmina de barbear" é fundamental para o crescimento e rentabilidade de todas as impressoras HP, principalmente as jato de tinta.

Finalmente, o quarto tipo de crescimento, por meio da redefinição do mercado de impressão e geração de imagens em termos de criação, impressão e publicação de todo documento, é em outros processos de impressão e reprodução. Esta mudança amplia o mercado da empresa de US$30 bilhões para o potencial de US$130 bilhões, incluindo jornais, livros, reprodução central para empresas e inúmeros serviços para residências. Um exemplo é a iniciativa da Hewlett-Packard de colocar impressoras em residências, diretamente conectadas à Internet ou em dispositivos como decodificadores, permitindo desde a compra on-line de ingressos, selos, mapas, folhetos de propaganda até a impressão a partir da TV. Outro exemplo é o empreendimento com a NewspaperDirect que permite a impressão, a distância, de jornais em hotéis, eliminando o transporte oneroso e permitindo às pessoas lerem seu jornal local mesmo quando viajam em outros continentes. Embora o "core" desta empresa seja impressoras pequenas de baixo custo como herança direta do produto original lançado nos anos 1980, as fronteiras externas do setor estão sendo ampliadas e direcionadas de maneira clássica: obtenção criativa de crescimento e lucros do core, porém sem excedê-lo ou enfraquecê-lo.

Catalogamos estudos de casos de centenas de exemplos de crescimento em negócios adjacentes aparentemente promissores que não funcionaram como previsto nos planos financeiros. De fato, quase todo executivo já vivenciou o fracasso no crescimento em negócios adjacentes. Aventurar-se a partir do core é inerentemente arriscado. Porém, se não arriscarmos e fracassarmos de vez em quando, provavelmente não estamos ampliando suficientemente as fronteiras. Como Collins e Porras observam em *Feitas para durar*, "ao examinarmos a história de empresas visionárias, surpreendeu-nos a frequência com que fizeram algumas de suas melhores mudanças não por meio de planejamento estratégico detalhado, mas sim de experimentos, tentativas, oportunismo e, literalmente falando, acidentes. Experimentos oportunistas e acidentes intencionais".[7] Os autores prosseguem descrevendo o crescimento da Johnson & Johnson em talco para bebês, da Marriott em serviços em aeroportos e da American Express em serviços de viagem, todos sucessos imprevistos. A empresa que não possui uma maneira organizada para experimentar (a General Electric se refere aos seus experimentos como instalação de "barracas de pipoca") não colhe os benefícios de tais "acidentes intencionais".

Nosso objetivo neste capítulo não é fingir que podemos oferecer a solução geral para decidir onde crescer. No entanto, o que podemos fazer é sugerir alguns métodos para analisar negócios adjacentes que aumentarão as chances de tomar decisões melhores e erguer bandeiras de alerta para os bancos de areia mais perigosos que historicamente causaram o naufrágio da maioria das estratégias de crescimento.

Definição e Mapeamento de Negócios Adjacentes

Parece óbvio que, quanto mais forte e dinâmico o core business, mais amplas suas oportunidades de crescimento. No entanto, menos óbvio é que essas empresas com core fortíssimo e, portanto, com muito a perder caso o abandonem, também sofrem a maior tentação de fazê-lo; veem-se diante do segundo paradoxo do crescimento. Assim, empresas tentando crescer a partir de uma desaceleração ou da seleção de novas iniciativas sem colocar em risco o core sólido podem se beneficiar do mapeamento e detalhamento metódicos das oportunidades adjacentes.

O conteúdo do mapa de determinado negócio adjacente deve partir primeiro das opiniões da equipe administrativa e, depois, dos funcionários em contato direto com clientes, de observadores externos da empresa e de seus mercados, e do estudo da lista de novas empresas financiadas por capital de risco em áreas relacionadas. Na verdade, durante uma conferência executiva, John Chambers da Cisco disse que traz consigo um cartão com os nomes das 25 pequenas start-ups mais relevantes aos seus core businesses.

Há três tipos básicos de crescimento em negócios adjacentes:

1. Mudança direta para oportunidade imediata. Este é, sem dúvida, o maior grupo de negócios adjacentes. Um exemplo é Enterprise Rent-A-Car (a líder em veículos de substituição em oficinas) adquirindo a Alamo Rent A Car e National Car Rental, com o intuito de entrar agressivamente no segmento de aluguel de automóveis em aeroportos. Outro é a decisão da Starbucks de promover o crescimento de sua rede de lojas em novas áreas geográficas como a China. Um terceiro é a extensão pela eBay de seu negócio de leilões virtuais de bens de consumo para produtos corporativos, um negócio adjacente de segmento de clientes. E em toda parte vemos restaurantes locais oferecendo serviço de entrega em domicílio – um simples negócio adjacente de produtos.
2. Uma "opção" comprada em empresa relacionada ao core; um hedge contra incertezas futuras. Muitos dos investimentos de capital de risco da Microsoft e Intel em empresas na Internet podem ser considerados mais como proteção para o futuro do que fontes imediatas de lucro ou crescimento e receitas que fortalecem o core.
3. Uma série de mudanças sequenciais que promovem o crescimento das fronteiras e recursos do core business. Um exemplo clássico seria a ação de algumas das principais empresas de telecomunicações com legado em telefonia com fio – como a KPN nos Países Baixos, ou a Telstra na Austrália – em uma variedade de serviços, como telefonia fixa, telefonia móvel, ADSL (banda larga), VoIP/chamadas de vídeo/IPTV. A ação é consistente com a convergência de tecnologia e interesse do consumidor em uma oferta de "conta única" integrada naquele segmento. Outro exemplo seria a aquisição da Pure Digital Tecnologies feita pela Cisco em 2009, no valor de US\$590 milhões em ações. A Pure Digital dá à Cisco tecnologias adicionais e conhecimento técnico para permitir que ela se mova um passo a mais em direção ao networking visual e ofereça ofertas mais amplas aos consumidores para suas casas "multimedia".

Mapas de negócios adjacentes revelam a complexidade da escolha e concessões, como demonstra a Figura 3.1. As escolhas são representadas por eixos que saem do core business. Um conjunto deles e suas ramifica-

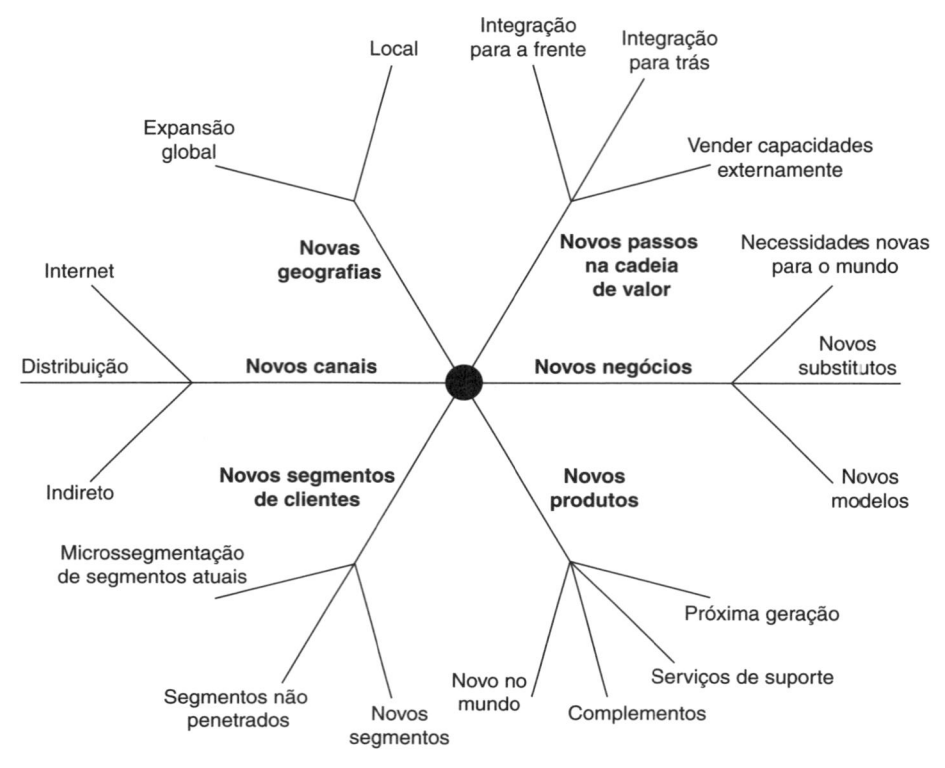

3-1 Negócios Adjacentes se Originam do Core

ções representariam segmentos de clientes onde há possibilidades de crescimento. O segundo poderia representar novos canais, o terceiro, novas áreas geográficas, o quarto, mudanças na cadeia de valores, o quinto, novas empresas, e o sexto, novos produtos.

Como outro exemplo, a Figura 3.2 mostra um mapa de negócio adjacente com configuração bem diferente, específico para determinada empresa de bebidas alcoólicas. Ao longo de cada eixo, oportunidades se ramificam para fora, de crescimento do core business mais imediato para o menos imediato. É possível, para determinada estratégia, classificar nos eixos as oportunidades de prioridade máxima e as que são marginais.

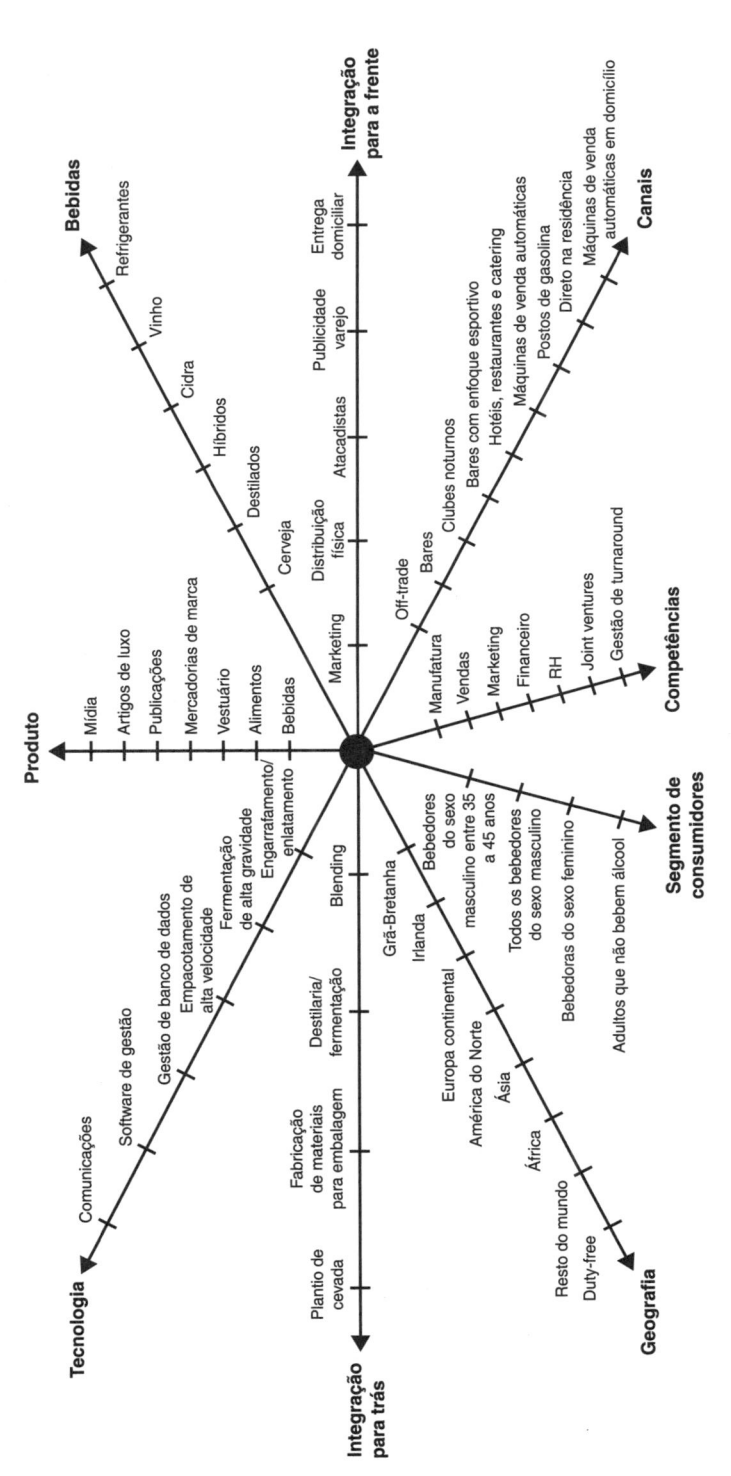

3-2 Mapa de Negócio Adjacente em Múltiplas Etapas de uma Empresa de Bebidas Alcoólicas

É claro que há inúmeros processos possíveis para mapear e caracterizar todo o âmbito de negócios adjacentes. Aqui está um que consideramos produtivo. Começa com a definição de core e obtenção de consenso sobre a fonte mais importante de vantagem e diferenciação competitivas. Em seguida, identifica e descreve negócios adjacentes, passo a passo, na seguinte ordem:

1. Identificar os negócios adjacentes em que a empresa se encontra e reunir dados sobre seu desempenho em cada um deles (participação de mercado, lucratividade, investimento).
2. Identificar os negócios adjacentes que a empresa está considerando ou rejeitou.
3. Identificar outros negócios adjacentes conhecidos, incluindo aqueles que talvez exijam duas ou três jogadas estratégicas para serem alcançados.
4. Identificar negócios adjacentes sugeridos pelas ações de investimento dos concorrentes.
5. Identificar negócios adjacentes sugeridos por novos concorrentes potenciais, quase sempre pequenas empresas.
6. Identificar futuros negócios adjacentes que possam ser criados por mudança de tecnologia ou outros desenvolvimentos.
7. Colocar todos os negócios adjacentes em única tabela ou mapa (por exemplo, aqueles mostrados nas Figuras 3.1, 3.2 e 3-3), e tentar imaginar quais ainda faltam.

Após desenvolver a lista de negócios adjacentes e oportunidades de crescimento em torno do core, classifique-os rapidamente. Esta classificação seria baseada nos seguintes tipos de análises qualitativa e qualitativa: tamanho potencial, força de vantagem devido à singularidade do core, força da provável concorrência, importância de defesa para o core (protegendo-se de invasores), perspectiva de mudanças em vários passos a longo prazo e capacidade de implementação. Forçar a classificação quase sempre estimula uma discussão altamente produtiva de questões estratégicas básicas fundamentadas em dados.

Finalmente, desenvolva conjuntos de mudanças, ou cenários estratégicos, e realize o difícil trabalho analítico e financeiro de desenvolvimento da estratégia de crescimento. Nenhuma dessas tarefas é fácil, mas todas são essenciais (de alguma forma) para a maioria das empresas.

Como mencionado anteriormente, quase sempre ficamos perplexos com o número de companhias desde complexas divisões de grandes empresas até pequenas start-ups que não olham para suas oportunidades de crescimento, em contexto estratégico, com base de dados que as ajude a apoiar prioridades. O levantamento anual da Bain de ferramentas e técnicas, realizado em amostra de 475 empresas, proporciona provas que corroboram esta constatação. No ano 2000, este levantamento verificou que "estratégias de crescimento" eram a sexta ferramenta mais usada, juntamente com outras ferramentas-padrão como sistemas de "pagamento por desempenho" e "análises da satisfação de clientes", entre as empresas de melhor desempenho. Por outro lado, estratégias de crescimento não apareceram entre as 10 principais ferramentas das empresas de pior desempenho. De certa forma, essas empresas são como pessoas perdidas que não possuem mapas e nem dão importância a carregá-los consigo. Em 2006, o levantamento mostrou que o percentual de empresas usando ferramentas de estratégia de crescimento havia passado de 55% para 65%. No levantamento realizado em 2009, sob os efeitos da crise mundial, o percentual caiu para 38%, mostrando uma preocupação com reduções de custo apesar de, na mesma pesquisa, 53% dos executivos afirmarem que achavam que suas empresas estavam dando ênfase exagerada às iniciativas de redução de custo em relação às promessas de faturamento e crescimento.

O objetivo do processo de mapeamento é mais do que apenas ajudar a organizar opiniões e enumerar ideias. Revela até que ponto a empresa tem multiplicidade de opções de crescimento e facilita o entendimento das concessões que precisam ser feitas ao escolher aquilo no que investir. Sem tal processo, organizações quase sempre ficam sem um contexto geral, financiam muitas iniciativas de modo insuficiente e levam muito a sério a "ideia do dia".

Nossa experiência e a análise de empresas criadoras de valor sustentável mostram que alguns poucos caminhos frequentes para crescimento em negócios adjacentes constituem cerca de 90% das iniciativas de crescimento adjacentes ao core. Os negócios adjacentes ao core business mais comuns são:

- Negócios adjacentes entrelaçados de produtos e clientes
- Negócios adjacentes de participação nas compras do cliente
- Negócios adjacentes de recursos
- Negócios adjacentes de redes
- Negócios adjacentes recém-criados

Entrelaçamento de Negócios Adjacentes de Produtos e Clientes

Talvez o crescimento em negócios adjacentes mais comum seja a mudança para novos segmentos de produtos e clientes, usando cada mudança para fortalecer a próxima. Para algumas empresas, esta abordagem de reinvestimento é suficiente para garantir décadas de crescimento. Envolve a adaptação constante do produto para entrar em novo segmento de clientes e exploração do conhecimento obtido sobre este para desenvolver novas ideias de produtos que são, então, aplicadas a outros segmentos.

A ServiceMaster utilizou esta abordagem com grande êxito. Suas origens remontam à empresa de extermínio de traças, administrada por Marion Wade, uma ex-jogadora de beisebol da segunda divisão que ainda sonhava com as grandes ligas. A partir daí, passou para a limpeza de carpetes, aproveitando a onda do pós-guerra nos Estados Unidos de instalação de carpetes com cobertura total do piso. Em 1958, Wade deu o nome de "ServiceMaster" à empresa, evangélica devota que queria enfatizar a importância de servir constantemente ao Mestre. A carta de intenções da empresa inclui quatro mandamentos: (1) honrar a Deus em tudo que fazemos, (2) ajudar as pessoas a melhorarem, (3) buscar a excelência e (4) crescer com lucratividade.

No período de 40 anos compreendido entre o final da década de 1950 e final da década de 1990, a ServiceMaster cumpriu seus objetivos crescendo a uma taxa anual de 21% e obteve regularidade no retorno sobre o capital próprio acima de 20%. Na década passada, proporcionou aos seus investidores retorno anual médio acima de 34%.

A estratégia de crescimento da ServiceMaster segue fórmula homogênea há mais de meio século, movendo-se de um segmento de produtos para outro produto adjacente, então para outro segmento de clientes intimamente relacionado, e assim por diante. Este crescimento é apresentado na Figura 3.3 como uma série de anéis concêntricos representando o crescimento em negócios adjacentes durante períodos de tempo sucessivos. Podemos ver a empresa crescendo da limpeza de carpetes para limpeza geral em ambiente residencial e comercial. A limpeza geral levou a empresa nos anos 1960 a iniciar a limpeza de hospitais (sugestão feita por uma freira à fundadora religiosa), onde também desenvolveu o controle de áreas externas. Este novo serviço foi então vendido aos seg-

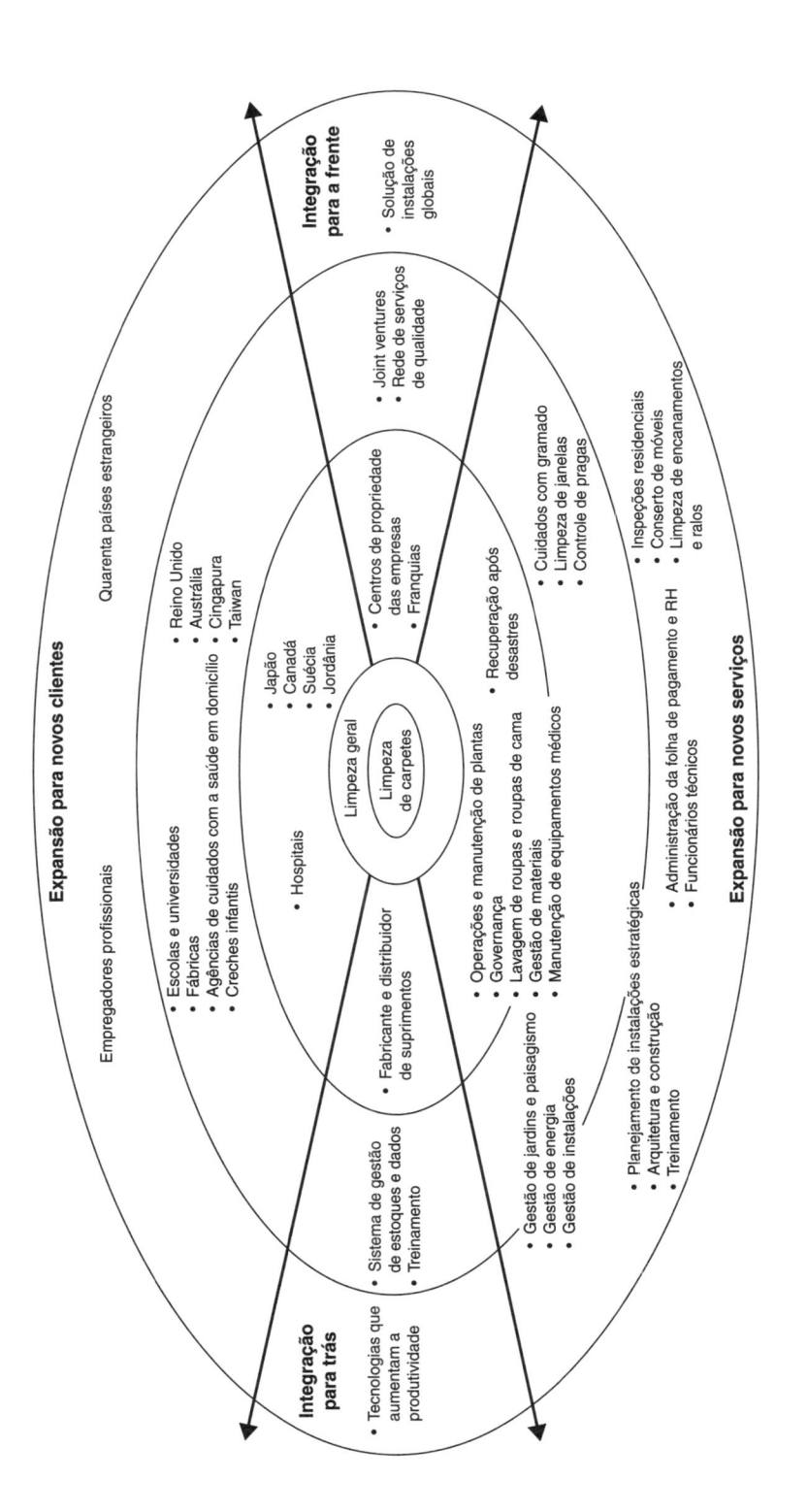

3-3 A Service Master Expande Serviços e Clientes há 50 Anos

Expansão para novos clientes

Empregadores profissionais   Quarenta países estrangeiros

Integração para a frente
• Solução de instalações globais

• Joint ventures
• Rede de serviços de qualidade

• Reino Unido
• Austrália
• Cingapura
• Taiwan

• Japão
• Canadá
• Suécia
• Jordânia

• Centros de propriedade das empresas
• Franquias

• Escolas e universidades
• Fábricas
• Agências de cuidados com a saúde em domicílio
• Creches infantis

• Hospitais

Limpeza geral

Limpeza de carpetes

• Recuperação após desastres

• Cuidados com gramado
• Limpeza de janelas
• Controle de pragas

• Inspeções residenciais
• Conserto de móveis
• Limpeza de encanamentos e ralos

• Fabricante e distribuidor de suprimentos

• Operações e manutenção de plantas
• Governança
• Lavagem de roupas e roupas de cama
• Gestão de materiais
• Manutenção de equipamentos médicos

• Administração da folha de pagamento e RH
• Funcionários técnicos

Expansão para novos serviços

• Gestão de jardins e paisagismo
• Gestão de energia
• Gestão de instalações

• Planejamento de instalações estratégicas
• Arquitetura e construção
• Treinamento

• Sistema de gestão de estoques e dados
• Treinamento

Integração para trás
• Tecnologias que aumentam a produtividade

mentos originais da ServiceMaster de clientes residenciais e comerciais. A limpeza naturalmente levou aos serviços de lavanderia, e o controle de áreas externas ao controle de pragas. Este conjunto de serviços resultou em estratégia para atender instituições educacionais. E assim por diante, passo a passo, década após década.

O crescimento da ServiceMaster é mais de 75% orgânico. No entanto, a empresa usou aquisições estrategicamente para introduzir novos produtos e recursos que são perfeitamente "compatíveis" com seus clientes core e que agem como catalisadores para o crescimento. Por exemplo, em 1986, adquiriu a Terminix, a segunda maior empresa de controle de pragas nos Estados Unidos, e alavancou sua base de clientes core para obter liderança no novo setor. Em 1989, a ServiceMaster adquiriu a Merry Maids, prestadora de serviços profissionais de limpeza, que é atualmente líder neste setor. Nos anos 1990, comprou duas empresas de tratamento de gramados, a TruGreen e a ChemLawn, que consolidou e cresceu criando importante empresa na área. O crescimento por meio de negócios adjacentes relacionados, segmento por segmento, provou ser a fórmula de sucesso a longo prazo para a ServiceMaster.

Um artigo em 1985 sobre a empresa observou:

> Um enorme numeral 2 se encontra no escritório de Pollard [presidente e CEO em 1985], na parede repleta de fotos de colegas de trabalho. Representa a meta de faturamento de $2 bilhões até 1990. Ao lembrá--lo que a ServiceMaster ainda não alcançara $1 bilhão, e que seu maior mercado se tornara difícil recentemente, Pollard respondeu com um sorriso, "bem, gosto de estabelecer metas e alcançá-las".[8]

Em 2007 a empresa foi adquirida pela firma de private equity Clayton Dubilier & Rice, no ano seguinte após ter sido indicada como uma das "Empresas Mais Admiradas da América" pela revista *Fortune*.

A De Beers é exemplo de empresa que gerou crescimento sozinha ajudando seus clientes diretos, joalheiros, a encontrarem novos negócios adjacentes em torno de seu core business. Uma maneira foi utilizando experiência de mercado para ligar seus produtos a ocasiões importantes. Os esforços de marketing da De Beers, quase sem ajuda alguma, transformaram o uso do anel de noivado de diamante em dever cultural no Japão, por exemplo. Quando a De Beers iniciou sua campanha em 1966, a taxa de aquisição de anel de noivado de diamante para todas as noivas no Japão era 6%. Por volta de 1998, crescera para 65%.

Depois que o mercado do anel de noivado de diamante estava firmemente definido em todo o mundo, a De Beers buscou o segmento de mulheres um pouco mais velhas em outra área geográfica com sua promoção do anel de diamante para o aniversário de casamento. De 1988 a 1999, sua taxa de aquisição nos Estados Unidos para todas as mulheres em seu décimo aniversário de casamento aumentou de 3% para 16%.

Mais recentemente, a De Beers tirou vantagem do milênio. A empresa investiu pesado em propaganda, sugerindo que o presente máximo para o novo milênio é o diamante. Vendas no primeiro semestre do ano 2000 aumentaram em 44% em relação ao mesmo período em 1999 devido, em grande parte, a esta iniciativa. Além disso, a De Beers mudou seu foco para o colar de diamante solitário nos Estados Unidos, aumentando vendas de US$375 milhões em 1996 para US$750 em 1998. Também promoveu bastante os brincos de diamante no Japão, com resultados igualmente dramáticos.

É interessante observar como as coisas mudam e como as manobras adjacentes a partir do core assumem uma função maior do que simplesmente proporcionar novas fontes de crescimento. Em 2000, a DeBeers enfrentou uma crise real em seu core. A empresa que havia prospectado mais de 90% dos diamantes do mundo por mais de um século viu sua vantagem competitiva ruir quando o mercado global de diamantes apresentou taxas negativas de crescimento e a participação de mercado da DeBeers caiu para cerca de 45%. Porém, a empresa contava com ativos ocultos para reconstruir sua estratégia: seus relacionamentos com os clientes, o poder de sua marca, a sua experiência com os desejos dos clientes e padrões de compra. A DeBeers recuperou-se rapidamente por causa desses ativos e sua experiência com negócios adjacentes. Como explicou Gareth Penny, diretor do grupo:

> Quando a equipe sênior se reuniu em 1999, ficou claro que precisávamos implementar grandes mudanças. Precisamos começar com as perguntas mais importantes: Qual é o seu DNA? No que você é realmente bom? Acho que a maioria das pessoas não entende muito bem qual é o seu core. Tivemos mais sucesso do que esperávamos. Quando lideramos a demanda, passamos do crescimento negativo em joias de diamante no mundo inteiro para mais de 3% de crescimento anual, e chegamos recentemente a mais de 5% de crescimento. Esta é uma

conquista significativa em um segmento global de US$60 bilhões. Em 2001, avaliamos a parte de diamantes do negócio em US$9,3 bilhões, uma mudança significativa em relação ao valor estimado de apenas US$1 bilhão registrado dois anos antes.[9]

Negócios Adjacentes de Participação nas Compras do Cliente

Uma segunda estratégia para o crescimento além das fronteiras do core business é por meio da mudança para negócios adjacentes de "participação nas compras do cliente". Ao conquistar a maioria das compras feitas pelos clientes core, é possível criar vínculo com clientes, aumentando bastante sua fidelidade. Tal fidelidade na base de clientes core tem várias consequências econômicas que consolidam a estratégia. Primeiro, permite que o custo de atender o cliente seja dividido em mais compras. Segundo, aumenta tanto a taxa de retenção quanto o valor perpétuo do cliente (valor gerado ao longo de todo o relacionamento com a empresa). Terceiro, proporciona oportunidade para estabelecer relacionamento mais profundo com o cliente, um subproduto do conhecimento mútuo mais detalhado. Finalmente, atua como obstáculo competitivo, aumentando drasticamente custos de troca de fornecedor para o cliente. Em algumas situações, dobrar a participação nas compras do cliente pode gerar aumento de três a quatro vezes na rentabilidade.

Uma das maiores provas do sucesso duradouro de estratégia de participação nas compras do cliente é o desempenho da Walt Disney Company em negócios adjacentes ao seu core business com profundas raízes em desenhos animados. A empresa começou em 1923 como parceria para criar desenhos animados. Seu primeiro produto foi uma série de desenhos chamada *Steamboat Willie*. Mesmo nesse período de formação da empresa, fica aparente o core de personagens criativos e aplicação do efeito técnico mais inovador. *Steamboat Willie*, com a música "Turkey in the Straw", foi o primeiro desenho com som sincronizado. Os produtos Disney de maior êxito, mais de 70 anos depois, como *Fantasia 2000*, permaneceram incrivelmente semelhantes. *Toy Story, Toy Story 2* e *Dinossauro*, por exemplo, foram os primeiros sucessos de bilheteria utilizando animação computadorizada. Inovação está presente na história do core da Disney, desde a primeira produção colorida, primeiro desenho longa-metragem, *Branca de Neve e os sete anões,* ao primeiro produto integrando filmagem e desenho, *Uma cilada para Roger Rabbit.*

No início, as habilidades promocionais e capacidade da Disney em encontrar negócios adjacentes de produtos em torno do core também se tornaram evidentes com a introdução de blocos de anotações escolares do Mickey Mouse em 1929.

> Estes blocos de anotações foram o início da promoção cruzada dos personagens Disney que finalmente fizeram da Walt Disney Productions um modelo que as escolas de administração posteriormente chamariam de "sinergia". Dentro de três anos, a Ingersoll-Waterbury Co. estava vendendo, anualmente, mais de um milhão de relógios de pulso do Mickey Mouse. Em uma década, 10% das receitas da empresa eram provenientes de royalties do licenciamento dos personagens de desenhos animados.[10]

Com o crescimento desses ativos do core, a Disney passou à construção da Disneylândia em 1955 e chegou à televisão com os programas *Disneylândia* e *Clube do Mickey Mouse.* Cada negócio adjacente gerou outros relacionados. A Disneylândia deu origem ao Walt Disney World e ao Epcot Center. Os primeiros esforços de licenciamento resultaram em várias gerações de produtos Disney, agora famosos, como livros, discos, bichos de pelúcia e revistas. Estes, por sua vez, geraram a rede de lojas Disney em 1987 e uma empresa altamente bem-sucedida, a Disney Home Video, naquele mesmo ano. Nem todas as tentativas de crescimento da Disney funcionaram. Um empreendimento no setor de restaurantes, chamado Mickey's Kitchen, foi abandonado após a tentativa. Porém, a empresa estava sempre pronta a experimentar e a abandonar os perdedores e financiar os vencedores em todos os aspectos. Com o tempo, a bilheteria do *Rei Leão,* por exemplo, gerava menos de 20% dos lucros totais do filme, com a maioria do potencial total de lucro mudando para novos negócios adjacentes, de vídeos a produtos no varejo e adaptações na Broadway. Apesar de a estratégia ter sido executada há alguns anos, ela permanece como um dos exemplos mais explícitos de rejuvenescimento do core através de uma fórmula repetível de expansão em negócios adjacentes.

Certamente, nem tudo foram flores no reino mágico. Houve grandes crises de liderança e sucessão familiar, problemas de custo acima do esperado em projetos como o Epcot e problemas de lentidão na adaptação aos gostos variáveis do mercado infantil e adolescente cada vez mais sofisticado. A Disney começou a cair na tentação de investir em opções distantes de seu core. Na busca ansiosa pela próxima grande onda de crescimento, a empresa adquiriu equipes esportivas (Anaheim Angels e Mighty Ducks), empresas de mídia (Capital Cities/ABC), investimentos imobiliários (empresas de turismo atuando no segmento *time sharing)* e revistas (Fairchild Publications). Durante esse período de aquisições, as ações da Disney enfraqueceram e os investidores exigiram o retorno ao crescimento do core.

Mais recentemente, a empresa buscou joint-ventures que alavancaram o core original, como seu acordo com a NTT DoCoMo para viabilizar o conteúdo rico da Disney via Internet no Japão em vários ambientes com tecnologia sem fio. Hoje, essas iniciativas direcionadas pelo core parecem promissoras, e a Disney entrou em período agressivo de alienação de ativos não pertencentes ao core, declarando: "Não somos um conglomerado. Se há coisas próximas ao core que possam render de maneira significativa, nós o faremos".[11]

Estas são as lições da Disney. Primeiro, o core original pode permanecer fonte de crescimento adjacente durante décadas ou mais, se administrado adequadamente e com negócios adjacentes sempre monitorados e avaliados. Segundo, até mesmo o core mais forte precisa ser adaptado ao acompanhar as mudanças em tecnologias e necessidades dos clientes. Finalmente, mesmo excelentes empresas extremamente focadas podem optar por mudanças adjacentes das quais se arrependerão mais tarde, voltando então ao core.

Consideremos outro exemplo de participação nas compras do cliente. A Boots Company é uma das maiores redes varejistas do Reino Unido, com marca mais confiável que a da Família Real inglesa, segundo uma fonte de informações. Fundada em 1849 como loja de remédios à base de ervas para os mais pobres, viveu uma história de crescimento quase contínuo durante 150 anos, crescendo em negócios adjacentes ao core original, venda de medicamentos. Em 1989, em jogada agressiva para obter maior participação nas compras de seus clientes, adquiriu a Payless DIY e a Do It All da WH Smith, fundindo essas empresas para entrar no setor faça-você-mesmo.

Como os leitores podem imaginar, após nove anos de sofrimento e mais de US$600 milhões de investimentos perdidos, a Boots vendeu sua rede DIY com grande prejuízo e retornou ao core. Um porta-voz da empresa comentou: "Nossa estratégia tem que ser diferenciar a marca, não somos supermercado de beleza e saúde, somos um especialista em beleza e saúde."[12] Desenvolver negócios adjacentes mais próximos, em produtos de nicho de maior margem e relacionados à saúde, é a meta mais modesta e mais lucrativa. Em 2006 a Boots uniu-se à Alliance Unichem e reformulou a marca das 900 lojas da Alliance para a marca Boots, em um processo de fusão conduzido pela firma de private equity KKR. Hoje, ela está em uma nova fase com concorrentes do segmento de supermercados como Asda (de propriedade do Wal-Mart) e Tesco, a principal cadeia de supermercados do Reino Unido (que tem farmácias bem-sucedidas em muitas de suas lojas maiores e de baixo custo). A Boots está reagindo à concorrência indo para negócios adjacentes de maior crescimento e de maior valor potencial, como saúde e bem-estar, inovação de produtos e investimentos na fidelização de clientes. Contudo, praticamente todos os observadores da empresa concordam que "a farmácia do país" perdeu muito de seu ímpeto para competir e desperdiçou recursos com sua investida em um negócio adjacente mal planejado anos antes.

Com o volume recente de estudos sobre as motivações da fidelidade e lucratividade do cliente, o termo *participação nas compras do cliente* (ou *share of wallet*, em inglês) passou a fazer parte do vocabulário empresarial comum. A American Express construiu a base de sua estratégia de usuários do cartão pela adição de serviços e aumento da flexibilidade do cartão para aumentar a participação nas compras de seus clientes de segmentos mais lucrativos. A Dell monitora sua participação nas compras do cliente para compras relacionadas a computadores e outros segmentos-chave. O celebrado modelo de negócio USAA é desenvolvido pelo monitoramento do cliente durante seu ciclo de vida, com o objetivo de maximizar, para a empresa, a participação nas compras do cliente em cada etapa. Empresas industriais como a PPG Industries desenvolveram programas em torno do uso do ciclo de vida total de seus produtos de revestimento automobilístico desde a primeira mão de tinta, pintura, limpeza até tecnologias de combinação de cores para reparos de arranhões. Ela reúne e vende produtos e serviços como sistemas integrados. A ideia de que mais participação nas compras dos melhores clientes é a participação mais valiosa de todas é tão antiga quanto o próprio comércio. As novidades são nosso entendimento mais profundo da magnitude econômica da participação nas compras do cliente e nossas técnicas mais sofisticadas para monitorar e orientar o crescimento por meio dela.

Negócios Adjacentes por Competências Específicas

Negócios adjacentes de competência são mudanças fora do core baseadas em profundo know-how organizacional. Em nossas empresas criadoras de valor sustentável, identificamos três formas de crescimento baseadas em competências. A primeira é fundamentada na tecnologia ou know-how técnico. A segunda se origina do know-how do processo empresarial e o modelo de gestão para administrar empresas. A terceira é baseada no conhecimento de como armazenar, administrar e obter valor de informações e a economia resultante.

A Motorola é uma das pioneiras em comunicações e tecnologia sem fio e tem excelente história de crescimento empresarial no final do século XX. Embora a empresa esteja, no momento, passando por uma redução em sua taxa de crescimento, seu desempenho a longo prazo é excepcional. Em 1979, a Motorola era uma empresa de US$2,7 bilhões de faturamento com lucros de US$154 milhões e valor de mercado de US$1,6 bilhão. Por volta de 1995, aumentara 10 vezes as receitas, 12 vezes os ganhos e 23 vezes o valor de mercado. O crescimento da Motorola, que ilustra o primeiro tipo de negócios adjacentes de competência, origina-se de seu total domínio da tecnologia sem fio. Tais conhecimentos, constantemente aprimorados, formaram a espinha dorsal da Motorola durante mais de 70 anos. Empresas em que o domínio da tecnologia sem fio não era chave para a vantagem competitiva (por exemplo, aquecedores automobilísticos) ou onde ele reduzia a vantagem competitiva (como televisores) também foram aquelas onde o crescimento lucrativo foi difícil de alcançar ou praticamente inexistente.

A Motorola começou em 1928 quando os irmãos Galvin, Paul e Joseph compraram uma empresa falida de transformadores. Transformadores foram dispositivos que permitiam os primeiros rádios a pilha funcionarem em corrente elétrica doméstica. Esta atividade rapidamente levou a empresa dos rádios aos automóveis de consumo e viaturas policiais, dominando o mercado. Durante a Segunda Guerra Mundial, a Motorola desenvolveu e produziu os rádios de campo, "walkie-talkies", que praticamente se tornaram símbolo da guerra, resultando na primeira oferta pública da empresa em 1943. Durante seu crescimento, ela tentou negócios adjacentes variando de toca-fitas de 8 faixas a aquecedores a gasolina para carros, e ambos fracassaram. Com a retirada do aquecedor, Paul Galvin anunciou: "Ficaremos apenas no setor de eletrônica." Não foi uma má escolha.

O caminho da Motorola para crescimento em negócios adjacentes começou em 1928 com o primeiro transformador. Desde então, a empresa utilizou seu conhecimento de tecnologia sem fio em quase todas as suas iniciativas bem-sucedidas de crescimento em negócios adjacentes bem-sucedidos, incluindo suas incursões em rádios residenciais, pagers, telefones celulares e a infraestrutura de seus sistemas. O que determinava a possibilidade de sucesso de seu crescimento era até que ponto o domínio da tecnologia sem fio era fundamental para cada iniciativa e até que ponto influência e poder de mercado poderiam ser construídos a partir daquela tecnologia. Em 1969, a primeira mensagem de Neil Armstrong comunicada da Lua foi enviada através de um transponder da Motorola – um símbolo do "core do core" da empresa definitiva de engenharia.

Infelizmente, a posição de liderança construída pela Motorola em aparelhos sem fio foi muito afetada. O foco estratégico, ou sua ausência, está no centro desta explicação, e de várias formas. Durante o período crucial para investimentos, quando muitos concorrentes lutavam para obter uma posição competitiva no mercado de aparelhos celulares, a Motorola realizou sua maior iniciativa de investimento corporativo em um projeto chamado Iridium. O projeto era uma expansão adjacente substancial para a Motorola. A um custo que ultrapassava US$6 bilhões, o Iridium compreendia uma constelação de 66 satélites de baixa órbita que comporiam uma rede celular global. O projeto não só foi um fracasso, como também representou a distração de talentos, atenção e capital. No mesmo período, a Nokia ficou focada, desenvolvendo os elementos de sua fórmula repetível no mercado de celulares. Em 2009, a Nokia havia conquistado impressionantes 40% de todos os aparelhos celulares globais, enquanto a Motorola ficava atrás da Samsung em quarto lugar, com 6% de participação de mercado. As coisas provavelmente não precisariam ser assim. Talvez o Iridium fosse um negócio adjacente para a Motorola, mas permitir que ele consumisse a quantidade de capital e atenção que ele consumiu (em comparação com outras estruturas que visavam obter uma "opção" no novo negócio, mas proteger melhor o core) provou-se uma decisão de altíssimo custo.[13]

Em seu artigo sobre competências essenciais, C. K. Prahalad e Gary Hamel declaram que as estratégias de crescimento de muitas empresas serão "julgadas segundo sua habilidade de identificar, cultivar e explorar competências essenciais que viabilizam o crescimento – na verdade, terão que repensar o próprio conceito de empresa".[14] Prahalad e Hamel discutem especialmente os exemplos da NEC e 3M, explicando que estas empresas possuem arquitetura estratégica que torna suas competências transparentes e relevantes em muitos contextos. O caso da Motorola, descrito anteriormente, ilustra o extremo de uma empresa cujo crescimento lucrativo é função de como ela gerencia um conjunto relativamente bem definido de recursos em novas oportunidades de negócio que cercam o core. O dilema está em protegê-lo (sem criar estagnação) e crescer em negócios adjacentes corretos (sem abandoná-lo).

Negócios Adjacentes em Redes

Robert Metcalfe, criador da tecnologia Ethernet e estudioso de redes, observou que o poder de uma rede interligada aumenta geometricamente com o número de usuários. A economia de redes, onde a adição de um usuário aumenta o valor da rede para todos os outros, dá origem a retornos crescentes de escala e, portanto, a grandes recompensas para empresas dependentes de redes que crescem. Retornos crescentes geram situações onde a escala marginal vale mais para o líder do que para os outros participantes. É por isso que muitos mercados de comunicações e software apresentam características de monopólios naturais. O crescimento marginal em rede é realmente valioso para tais empresas. A dinâmica competitiva das redes é estudada intensamente por vários economistas.[15]

Para nossos objetivos, muitos tipos de negócios adjacentes de redes proporcionam oportunidades atraentes de crescimento para empresas cuja economia depende dos efeitos de rede. Talvez o tipo mais óbvio seja a adição de redes adjacentes a redes de comunicações ou distribuição. A consolidação das ferrovias e, mais recentemente, das redes celulares demonstra esse tipo de crescimento em negócios adjacentes, como a aquisição da AirTouch pela Vodafone nos Estados Unidos e da Mannesmann na Alemanha.

Outra possibilidade é acumular grupos de clientes que podem ser colocados no mesmo serviço ou sistema de informações. Tornar-se o padrão aceito para o consumidor ou software de aplicação empresarial tem imenso valor. As estratégias de crescimento do Microsoft Office em software para computadores, eBay em leilões on-line, SAP em software para sistemas empresariais, Google em buscas on-line e mesmo o Facebook em networking social são construídos sob o poder de se tornarem o "core do core" combinados com os *economics* de rede que estão surgindo em muitos negócios de software e on-line.

Negócios Adjacentes Recém-criados

Assim como erupções vulcânicas podem criar terras novas e, portanto, desabitadas, a turbulência dos setores gera território empresarial novo e inabitado. Quase sempre este compreende empresas recém-criadas e representa importante opção de crescimento oportunista em negócios adjacentes. Encontramos duas maneiras principais para explicar como tais adjacências surgem, tornam-se reconhecidas e são seguidas com êxito.

A primeira é onde um negócio de vanguarda em um mercado relativamente dinâmico determina que desenvolveu capacidades de classe mundial em uma área onde outros – não necessariamente concorrentes – desejam adquirir tal conhecimento técnico para aplicar em seus próprios negócios. Por exemplo, a Cisco, uma de nossas criadoras de valor sustentável, verificou que muitos de seus clientes estavam questionando se a empresa estaria disposta e conseguiria transferir algumas de suas práticas empresariais, principalmente aquelas relacionadas ao uso da Internet e informática, para ajudá-los a transformar seus processos internos, tornando-os mais eficazes. A Cisco descobriu que esse recurso de consultoria não é apenas valioso como empreendimento, mas consegue fortalecer seu core business, hardware. A varejista on-line Amazon desenvolveu algoritmos sofisticados para personalizar suas páginas de acordo com o perfil de cada visitante, usando os dados comportamentais obtidos em cada clique e compra desse usuário. Tal capacidade tornou-se uma enorme vantagem competitiva na venda de produtos de informação, mas agora também é um negócio distinto que a Amazon oferecerá (ou assumirá como varejo on-line) para parceiros que não sejam concorrentes. Da mesma forma, o Google criou um negócio a partir de seu conhecimento de personalizar seu software de busca para aplicativos específicos, o chamado Google Search Solutions for Business.

A segunda maneira pela qual surgem tais adjacências novas ao mundo é através de uma grande mudança no comportamento do consumidor – o surgimento de um novo subsegmento de consumidores ou novos comportamentos de um segmento existente – geralmente tornado possível graças à tecnologia. O Geek Squad, por exemplo (uma adjacência de serviço com mais de 24.000 funcionários que ajuda os consumidores a instalar e utilizar produtos digitais – como redes de acesso à Internet, software de segurança para microcomputadores e sistemas de entretenimento doméstico), atendeu a uma enorme necessidade de consumidores que precisam lidar com uma infinidade de equipamentos e softwares cada vez mais sofisticados. Talvez algumas das adjacências do iPod da Apple como o AppStore (para download de aplicativos) ou o iTunes (para download de músicas) eram certamente "adjacências de espaço inexplorado" tornadas possíveis graças ao novo comportamento do consumidor e novas tecnologias.

Avaliando Oportunidades de Crescimento em Negócios Adjacentes

Equipes de gestores que desenvolvem uma lista completa de oportunidades de crescimento em negócios adjacentes ao(s) seu(s) core(s) business(es) logo percebem que ela está repleta de opções de investimento interessantes e potencialmente atraentes. Antes de empreenderem uma grande coleta de dados, eles deveriam parar e aplicar seu julgamento estratégico e conhecimento operacional da empresa para avaliar as oportunidades segundo cinco aspectos fundamentais:

1. Quanto isto fortalece, protege e reforça nosso core?
2. Quais são as chances de nos tornarmos líderes no novo segmento ou empreendimento?
3. Esta mudança apresentaria benefício de defesa, suplantando ou impedindo concorrentes atuais ou futuros?

4. Este investimento confere posição estratégica ao nosso core business em relação ao negócio adjacente futuro ainda mais forte, por exemplo protegendo-o de grande incerteza ou constituindo uma etapa em sequência bem definida de jogadas estratégicas?
5. Temos certeza que conseguiremos colocá-lo em prática da melhor maneira possível?

Verificamos que essas perguntas geram a discussão ativa e rica sobre prioridades e levam à segunda fase de priorizar as atividades de melhor potencial. Em geral, se determinada oportunidade fracassa em dois aspectos, deve-se questionar o quão interessante ela é.

Esta segunda fase de definição das prioridades é mais tradicional e analítica, reunindo fatos nos seguintes critérios:

- O tamanho da oportunidade; isto é, o potencial total de lucros atual e futuro
- O nível de competitividade esperado
- Evidência sobre a demanda e valor do cliente
- A magnitude e melhor momento do investimento
- A magnitude e melhor momento de custos e receitas potenciais
- Incertezas que podem aumentar ou reduzir a oportunidade
- Grau de dificuldade da implementação

A fase final de priorização e seleção envolve o agrupamento das iniciativas de investimento em cenários estratégicos distintos. Em uma empresa industrial típica, as alternativas se agruparam em dois cenários. Uma opção foi a longa lista de iniciativas para renovar o crescimento em um core business lucrativo, mas estático. Estas incluíam crescimento internacional, formação de unidades menores para pequenos clientes, criação de serviços de valor agregado, oferecimento de produtos de informática e desenvolvimento de novos produtos tecnológicos. A segunda opção englobou a construção de massa e foco em novos segmentos de clientes. O que começou como exercício de mapeamento de negócios adjacentes com mais de 90 ideias se transformou em discussão estratégica altamente produtiva sobre o futuro da empresa e onde empregar recursos financeiros, científicos e administrativos fundamentais.

A lógica para escolher a direção de crescimento está mudando. A turbulência no setor está, ao mesmo tempo, aumentando a incerteza em torno de muitas escolhas e diminuindo o tempo para reação. Além disso, opções de crescimento que eram basicamente agrupadas em círculos concêntricos em torno do core business (escolhas de produtos, escolhas de segmentos de clientes, decisões da sequência geográfica) incluem agora um conjunto de oportunidades adjacentes muito mais críticas e perturbadoras (empresas totalmente novas, proteção).

Além disso, o tempo cíclico de desenvolvimento estratégico está se tornando cada vez menor em muitos setores. Como resultado, o exercício de avaliação descrito anteriormente, que costumava ser feito anualmente (ou com menor frequência) durante período de vários dias, precisa agora ser acelerado e realizado trimestral, mensal ou semanalmente em apenas um dia.

Negócios Adjacentes Envolvendo Mudanças Múltiplas

Afirmamos neste livro que as estruturas setoriais estão se tornando menos estáveis, a liderança mais efêmera e a vida útil da estratégia mais curta. Risco e incerteza se materializam cada vez mais na vida da empresa. Em um ambiente assim, o crescimento em negócios adjacentes é crítico para apoiar nossa afirmação em futuras posições de mercado como proteção contra a incerteza. A questão de realizar esses investimentos pode, às vezes, ser aprimorada para além dos cálculos básicos do valor presente líquido e do instinto natural dos gerentes no uso da teoria de opções.[16]

Existem muitos exemplos de negócios adjacentes que conseguiram atuar como proteção contra um futuro incerto. O investimento que a Roche fez na empresa de biotencologia Genentech colocou-a à frente de suas "grandes rivais da indústria farmacêutica" nessa área emergente da ciência e levou a negócios adjacentes subsequentes como a aquisição da Cetus e da Boehringer Mannheim (empresa de diagnósticos) pela Cetus. Tais investimentos, por sua vez, colocaram a Roche em posição de tornar-se líder na nova área de farmacogenômica (testes genéticos e diagnóstico molecular).

A lição desse e de outros inúmeros exemplos similares é que o crescimento em negócios adjacentes pode e deve proteger contra incertezas futuras, fomentar a aprendizagem, além de atacar fontes de lucratividade próximas do core. As duas iniciativas são elementos críticos para a construção de uma estratégia sustentável de crescimento.

Negócios Adjacentes e Escolha do Core

A combinação de um rico conjunto de negócios adjacentes e de um core business forte ou dominante pode ser um poderoso reator nuclear para criar crescimento lucrativo e sustentável se acompanhada por reinvestimento adequadamente agressivo. Empresas com negócios adjacentes promissores em torno de um core fraco precisam, primeiro, identificar ou criar um core forte em torno do qual possam, então, crescer. Empresas com liderança forte, mas pouquíssimos negócios adjacentes lógicos, talvez necessitem redefinir partes de seu core (como discutiremos no Capítulo 4). Mais comum, são empresas com cores businesses múltiplos, todos financiados da mesma maneira pelo orçamento, mas em posição e potencial para negócios adjacentes diferentes. Nesta situação, a riqueza dos negócios adjacentes em torno de core businesses competitivos pode ser o fator decisivo para se determinar como e onde direcionar a empresa e obter níveis mais altos de crescimento.

Armadilhas Comuns do Crescimento em Negócios Adjacentes

Mais cedo ou mais tarde o investimento em negócios adjacentes é necessário para que qualquer empresa continue gerando valor. É também uma das tarefas mais arriscadas que a empresa pode realizar. Ao examinarmos mais de 100 casos de crescimento em negócios adjacentes, encontramos sete armadilhas básicas, ou fatores de risco.

Armadilha 1: Crescer contra Posição Sólida e Bem Defendida

Strategy, livro sobre a história de estratégia militar de Liddell Hart, analisa sucessos e fracassos de campanhas militares para o domínio de territórios desde a Guerra do Peloponeso. Hart mostra que exércitos que tomam de assalto determinada posição entrincheirada perdem quase 100% das vezes, mesmo com forças superiores. Ele afirma que a abordagem indireta é essencial para aumentar as chances de vitória. Por exemplo, a batalha mais decisiva de Alexandre, o Grande, contra os persas, em Guagarela, foi o uso magistral do ataque indireto. Nessa batalha, Alexandre levou pequeno número de seus soldados 18 milhas à frente, atacando subitamente de uma direção inesperada enquanto a maioria de seus soldados estava visível e imóvel na direção oposta. Ele obteve enorme vitória psicológica além do triunfo militar. John Keegan escreve que Alexandre estava "ao mesmo tempo com pouquíssimos soldados em relação ao adversário e irremediavelmente cercado e teve que encontrar um meio mais sutil de vencer". A tática indireta que utilizou "antecipou em 2000 anos a tática que faria de Frederico, o Grande, o guerreiro mais famoso de sua época". Quando a batalha acabou, Alexandre venceu e "estabeleceu sua autoridade em todo o império e estava pronto para marchar até o 'fim do mundo'".[17] Situação análoga ocorre no crescimento em negócios adjacentes. O ataque direto a posições sólidas, sem outro ângulo de ataque ou diferenciação importante, quase nunca vence a guerra. No entanto, muitas empresas tentam crescer em negócios adjacentes que são, na verdade, posições fortificadas de outras empresas.

Um dos investimentos de maior êxito da Bain Capital foi na Wesley--Jessen. A Bain Capital adquiriu o fabricante de lentes de contato por US\$6,4 milhões, transformando-a em empresa de capital aberto quatro anos depois no valor de US\$290 milhões, um retorno de quase 50 vezes. A Bain viu um forte core (lentes especiais) subexplorado devido ao padrão errado de crescimento em negócios adjacentes. "A W-J decidiu passar ao mercado de massa para lentes de contato descartáveis contra a Johnson & Johnson e a Bausch & Lomb", explica Mitt Romney. "Ela construiu fábrica de US\$100 milhões para competir nesse segmento de baixo custo e grande volume e perdeu dinheiro diariamente ao fazê-lo. Em nossa opinião, a W-J simplesmente não possuía a escala para competir no segmento low-end do mercado. Foi péssima estratégia de crescimento, muito distante do segmento especial do core onde apresentava excelente desempenho. A análise nos mostrou isso imediatamente. Nossa primeira ação após a aquisição foi fechar a fábrica de lentes descartáveis e redirecionar para nossa especialidade."

Romney acrescenta: "A segunda fase foi adotar a estratégia que nos levasse de volta ao core. Havia dois elementos. O primeiro foi retomar o que chamamos de 'a esquecida estratégia do médico', para redirecionar para os adaptadores mais sofisticados de lentes em segmentos como lentes menisco para astigmatismo. O segundo elemento foi tomar a posição forte da W-J em lentes coloridas e sombreadas e conduzi-la como produto de estilo, com lentes roxas direcionadas aos adolescentes nos Estados Unidos, outras cores para o mercado japonês, proteção para raios ultravioleta para o esporte, e assim por diante. Esta estratégia de segmentação a partir do core original foi muitíssimo bem-sucedida para conseguir crescimento lucrativo."[18]

Buscar áreas de mercado onde a empresa tem pouquíssimas chances de liderança ou de conquistar influência e poder de mercado pode exaurir recursos do core e, na verdade, atrasar o crescimento no resto da empresa.

Armadilha 2: Superestimar o Potencial de Lucros

As chances de sucesso são muito maiores quando o crescimento persegue fontes de lucratividade ao mesmo tempo grandes e em crescimento. Em sua análise do exemplo da Gucci descrito anteriormente, Jim Gilbert e Orit Gadiesh escrevem:

> O erro da Gucci enfatiza o problema do crescimento: as estratégias que as empresas utilizam para o crescimento de seu core business muitas vezes apresentam a consequência inesperada de destruir os lucros. A Gucci tentou o crescimento de sua marca para obter vendas – uma estratégia de crescimento comum – mas acabou afastando seus segmentos de clientes mais lucrativos e atraindo novos, menos lucrativos. Ficou com muito mais clientes, mas um mix muito menos atraente.[19]

Mapear o profit pool (total de lucros de um determinado setor) atual e futuro é essencial ao desenvolvimento da estratégia de crescimento. O profit pool é função do tamanho potencial de mercado e valor do cliente ao se empreender determinada atividade. É também função da estrutura do setor: o potencial do segmento onde um participante pode conquistar influência e poder de mercado é muito maior do que em um setor comoditizado onde há múltiplos participantes iguais.

Armadilha 3: Falsa Verticalização de Serviços

Se verificarmos pilhas de relatórios anuais, encontraremos no mínimo duas ou três frases como: "Nosso objetivo é atender todas as necessidades de nossos clientes-chave." "Queremos ser o local onde eles satisfazem todas as suas necessidades." Em alguns casos, essa abordagem de fazer tudo a todos talvez seja adequada. No entanto, em geral, frases assim são sinais de alerta de fronteiras empresariais muito amplas para serem funcionais, levando ao perigoso excesso de gasto de recursos.

Um exemplo é o caso da distribuidora de livros no Reino Unido, WH Smith. Esta famosíssima empresa, que atende a viajantes, começou em 1792 como loja única nas proximidades de Londres e rapidamente cresceu para a distribuição de jornais na região. O crescimento de seu negócio de livros e jornais foi incentivado pelo passageiro ferroviário que necessitava não apenas de jornais, mas também de outros produtos para longas viagens em trens frios, incluindo jogos, aquecedores para os pés e até mesmo tapetes. Hoje, a WH Smith gera mais de US\$3,5 bilhões em faturamento, tem uma enorme atividade de distribuição e mais de mil lojas de vários tipos, ainda atendendo principalmente os viajantes.

Recentemente, no entanto, com seu core sob o ataque de concorrentes como Dillon's e Waterstone's, a WH Smith concluiu que seu problema era uma participação muito estreita no amplo espaço do varejo. A empresa começou a preenchê-lo com novas linhas de produtos de varejo como brinquedos, máquinas de escrever, música, ferramentas para faça-você-mesmo, e presentes por meio de suas livrarias. O resultado foi menor faturamento por metro quadrado; maiores custos no gerenciamento e manutenção de estoques, infraestrutura e sistemas; e equipe administrativa desatenta na defesa do core, venda de impressos, que ficou exposto e em perigo.

Após perder 195 milhões de libras (US\$310 milhões) em 1996, o conselho de administração introduziu uma nova gestão com uma nova estratégia: voltar à ideia original da definição de negócio e de mercado da WH Smith. Durante os dois anos seguintes, a administração abandonou produtos não relativos ao core que foram acrescentados à linha e alienou aquisições não relacionadas ao core como a The Wall (varejista de música dos Estados Unidos) e participação majoritária na rede de megastores Virgin Our Price. Então utilizou o dinheiro dessas vendas para o fortalecimento e crescimento do core dentro das fronteiras empresariais originais. Em 1998, a WH Smith comprou 230 bancas de jornais e revistas no Reino Unido do distribuidor rival John Menzies e começou a distribuir seus produtos core via Internet. A WH Smith ainda enfrenta batalhas em um setor difícil, mas agora suas armas estão apontadas para o campo de batalha certo. Nos últimos anos ela registrou bom faturamento e desempenho positivo de lucros, principalmente nos estabelecimentos localizados em aeroportos e estações de trem – uma versão moderna de seu core original de distribuição de jornais voltado para os trens de 1800.

Alguns dos exemplos mais bem documentados de crescimento fracassado em negócios adjacentes são detectáveis em premissas inválidas sobre os *economics* da verticalização. A Allegis, uma combinação da United Airlines, Sheraton Hotels and Resorts e Hertz baseada na oferta, ao consumidor, de pacote de viagens completo com "tudo o que é necessário", certamente ilustra o caso de um investimento gigantesco fundamentado em falsas expectativas sobre o comportamento do cliente. Da mesma maneira, a Sears, ao comprar a Coldwell Banker, Allstate Insurance Group e Dean Witter Financial Services Group para oferecer aos seus clientes um leque integrado de produtos financeiros, fracassou ao não perceber que seus clientes da loja de departamentos simplesmente não estavam interessados nessa oferta de produtos financeiros.

Armadilha 4: Invasores Inesperados

A descoberta de territórios novos e desabitados quase sempre traz invasores inesperados. Consideremos o seguinte:

- A busca da Kodak pelo mercado de máquinas fotográficas digitais encontra concorrentes desconhecidos como a HewlettPackard e a Canon.
- A tentativa da Quaker Oats em promover o crescimento de bebidas Snapple confronta diretamente as novas iniciativas da Coca-Cola, com sua infraestrutura de distribuição inabalável.
- A Anheuser-Busch entra no negócio de salgadinhos através da aquisição da Eagle Snacks, levando-a a descobrir rapidamente que a Frito-Lay é um concorrente mais poderoso do que ela havia imaginado.
- A entrada da Xerox em copiadoras para o segmento low-end do mercado recebe ataque surpresa da Canon, concorrente informal que o gigante subestimara.

Sem familiaridade com novos concorrentes, empresas tendem a subestimar sua força, natureza e ângulo de ataque. Porém, precisam examinar minuciosamente cada novo concorrente para entender o mundo pelo seu ponto de vista, resultados e clientes.

O exercício de mapear negócios adjacentes requer não apenas a visão interna do mercado, mas também externa de empresas que talvez estejam reunindo forças em sigilo. Em um mundo incrivelmente rápido, variável e interdependente, o ataque competitivo inesperado está se tornando muito comum.

Armadilha 5: Fracasso em Mapear Todos os Negócios Adjacentes

A Polaroid Corporation, com sede em Massachusetts, foi sem dúvida uma das primeiras empresas tecnológicas bem-sucedidas dos Estados Unidos. Edwin Land só perdeu para Thomas Edison em registro total de patentes científicas vitalícias, uma realização notável. No entanto, enquanto a natureza da imagem e filme mudava rapidamente até a tecnologia digital atual, a empresa permaneceu fixa na fotografia instantânea (de base química). Mesmo agora, a nova linha de produtos da Polaroid, liderada pela máquina fotográfica descartável chamada PotShots, é quase totalmente baseada no core original de patentes e produtos. A empresa fracassou na remarcação de suas fronteiras para incluir a nova definição de imagem mais ampla criada pela concorrência e clientes. A definição de negócio da Polaroid, fotografia instantânea, é motivada por um ponto de vista interno muito limitado para gerar crescimento lucrativo e sustentável. Sua estratégia baseada nessa definição (e conjunto associado de ativos) não foi recompensada pelo mercado e, em 2001, a empresa entrou em recuperação judicial. Após se recuperar da falência e enfrentar outros obstáculos, a empresa entrou, novamente, em recuperação judicial em 2008.

Empresas como a Polaroid, com único produto fortíssimo, tecnologia histórica ou extenso legado de sucesso em nicho protegido são as mais vulneráveis à determinação limitada de suas fronteiras empresariais e lista de opções. Nesses ambientes há forças orçamentárias e organizacionais particularmente fortes capazes de restringir as definições de negócio. Fronteiras limitadas mantêm alta a participação de mercado "aparente", o que agrada a multidão de analistas e empregados. Também proporcionam conforto psicológico e anestesiam revisões orçamentárias. E, acima de tudo, estreitam as opções para as difíceis escolhas que podem surgir.

Armadilha 6: Perdendo um Novo Segmento

O fracasso em localizar ou perseguir segmento de clientes novos próximo ao core pode apresentar consequências duradouras. Consideremos, por exemplo, o caso da locação de veículos.

Fundadas nos anos 1950, as principais locadoras de veículos, Avis, Hertz e National Car Rental, se concentraram em atender o executivo viajando a negócios nos 100 principais aeroportos nos Estados Unidos. Porém, a questão estratégica para as locadoras de veículos tomou-se mais indefinida à medida que novos segmentos surgiam e começavam a crescer e ter vida própria. O primeiro segmento novo de locação de veículos a surgir foi o de viagens de lazer. O segundo foi locação de reposição, atendendo motoristas cujos veículos estavam na oficina.

A Alamo Rent a Car foi fundada pelo empresário Mike Eagan, da Flórida, em 1974, atendendo quatro filiais com frota de mil veículos. A fórmula da Alamo era diferente porque buscava outra população, o mercado de lazer, pagando por carros do seu próprio bolso. O modelo de Eagan incluía filiais de baixo custo fora do aeroporto, propaganda voltada para locais de origem e destino de turismo/lazer e força de vendas dedicada, direcionada aos agentes de viagens e outros atores influentes neste mercado. Locadoras fora dos aeroportos são uma ofensa a inúmeros executivos que viajam a negócios e dispõem de pouco tempo em viagens que duram apenas um dia, mas são perfeitas para a família em férias com orçamento apertado. Em 15 anos, a Alamo conquistou participação de liderança no segmento de lazer e sua frota cresceu para mais de 150.000 carros, quase 75% das frotas da Hertz, Avis e National, em média.

Assim como a Alamo desenvolveu o mercado de lazer, outra empresa, a Enterprise, desenvolveu o mercado de reposição. Nos anos 1960, os fundadores da Enterprise, a família Taylor, enxergou a oportunidade de oferecer veículos de locação para motoristas cujos carros não estavam disponíveis devido a acidentes ou reparos. Assim como a Alamo desenvolveu a presença de vendedores em agentes de viagens, a Enterprise investiu para acumular a sua em oficinas-chave de funilaria e pintura, centros de agentes de seguro e revendedores de carros. Essas necessidades de locação de veículos a longo prazo e de custo ainda menor exigiram modelo de negócio diferente do utilizado pela Alamo, Hertz ou Avis em termos da condição dos veículos, tamanho e qualidade das lojas e funcionários. Em 1980, a Enterprise possuía apenas 10.000 carros. Hoje, possui mais de 700.000

veículos e conquistou 70% de liderança no mercado de reposição, que ela mesma definiu, criou e dominou. Atualmente, é a locadora de veículos mais lucrativa em termos de margem e retorno sobre o capital.

As locadoras de veículos tradicionais deveriam ter buscado o mercado de lazer ou o mercado de reposição, ou ambos, mais amplamente durante o início de seu desenvolvimento? Teriam enfraquecido seu core business, aeroportos, permitindo aos concorrentes tradicionais que fizessem incursões gradativas? Ou a entrada precoce nos mercados de lazer e reposição seriam a estratégia vencedora? Será que o redirecionamento de capital para desenvolver essas novas empresas teria exaurido recursos para usos mais produtivos? Ou teria permitido às empresas o fortalecimento do core pelo desenvolvimento de posição de liderança em novo segmento relacionado? É interessante considerar que o foco e o sucesso singular da Enterprise no negócio de reposição trouxe retornos de maneiras que talvez nunca tenham sido imaginadas pela empresa. Em 2007, a empresa adquiriu a Vanguard Car Rental, formada pela fusão da Alamo (líder no segmento de lazer) e National (terceira colocada no mercado de aluguel em aeroportos). A Enterprise hoje tem duas grandes vantagens em termos estratégicos, com uma posição consolidada no mercado de reposição e financiando um ataque no mercado de aeroportos – usando a própria marca Enterprise além das duas marcas adquiridas e mais estabelecidas.

Armadilha 7: Buscando Obstinadamente Negócios Adjacentes no Segmento High-end do Mercado

Como Clayton Christensen documentou em *The Innovator's Dilemma*, ao buscar o crescimento em negócios adjacentes, core businesses mais fortes gravitam cada vez mais em torno dos segmentos superiores do mercado, procurando produtos mais sofisticados com margens mais altas que possam sustentar maiores despesas gerais. No setor de informática, por exemplo, quase todo fabricante de componentes e microcomputadores possui um plano de crescimento erroneamente voltado para novas aplicações mais sofisticadas ou venda de porcentagem cada vez maior de novos produtos para grandes centros de dados empresariais.

O perigo é que essa abordagem pode expor um flanco, no segmento low-end do mercado, ao ataque de novos concorrentes deste segmento. Há inúmeros exemplos de ataques bem-sucedidos nesses casos, em setores que vão da siderurgia (Nucor), corretagem de ações (Schwab on-line), microcomputadores (Dell), aluguel de automóveis (Enterprise), empresas aéreas (Jet Blue) até fundos de investimento (Vanguard). Ao selecionar qualquer estratégia de crescimento em negócios adjacentes, a empresa deve questionar se evitou o segmento low-end do mercado e, em caso afirmativo, por quê.

Limitando o Risco de Negócios Adjacentes Perigosos: Perguntas para Diagnóstico

Obviamente, a escolha ou tratamento errados do crescimento em negócios adjacentes pode causar mais do que a perda de dinheiro naquele empreendimento; pode também desviar o foco do core, preocupar a administração e confundir investidores, tudo isso com efeito multiplicador sobre todos. Não há fórmula única para eliminar esse risco. Na verdade, a experimentação limitada está à frente das estratégias de crescimento de muitas empresas que parecem crescer rapidamente de um negócio adjacente a outro.

Ao avaliar negócios adjacentes, encontramos uma série de perguntas utilíssimas para proposição das questões certas e, às vezes, esclarecimento da resposta certa. Admitimos que muitos negócios adjacentes caem na área de risco, principalmente onde o futuro do mercado é incerto. No entanto, mesmo para esses negócios adjacentes, tais perguntas ajudam a esclarecer a natureza do risco e aumentar a chance de opções de menor risco ou custo.

Para avaliar o investimento em determinado negócio adjacente, perguntamos:

1. Este negócio adjacente fortalece ou reforça o core (ou um core, quando existem vários)?
2. Ele acrescenta valor aos nossos clientes core?
3. Serve como proteção contra concorrentes potenciais que pretendem atacar o core?
4. Está voltado para a mudança, com o tempo, do profit pool do setor e do core (segmentos crescentes, canais, competências necessárias)?
5. Temos chances de alcançar liderança econômica neste negócio adjacente por meio de liderança total, posição protegida de clientes ou economia compartilhada com o core original?

6. Ele protege contra grande incerteza estratégica?
7. Ele leva a outras mudanças sucessivas que, no total, são essenciais para construir ou proteger o core?
8. Ele encontra-se na vizinhança de novo concorrente? Qual seria a resposta do concorrente e quais suas consequências?
9. O fracasso do crescimento nesse negócio adjacente resulta em vulnerabilidade do core a várias mudanças futuras? Até que ponto?
10. Analisamos todos os negócios adjacentes competitivos ou estamos sendo oportunistas, sem avaliar completamente as opções?

Poucos negócios adjacentes obterão o endosso uniforme das respostas a todas as 10 perguntas. Se tivermos resposta ou um ponto de vista sobre cada pergunta e sua soma total nos incentivar a prosseguir, então deveríamos buscar aquele negócio adjacente. No entanto, se o oposto ocorrer, então precisamos pesquisar mais. Quanto mais arriscada a decisão, maior a necessidade de considerar estratégias alternativas, como a participação em posições ou grupos minoritários para se proteger do risco.

Para avaliar o método escolhido, perguntamos:

1. Se a conquista da liderança é difícil, faz sentido entrar neste negócio adjacente por aquisição em vez de terceirização ou parceria?
2. Se a incerteza é generalizada, os negócios adjacentes que mais protegem contra o futuro requerem participação majoritária? Ou é possível possuir vários instrumentos minoritários com opções para compra posterior?
3. Se o novo território é desconhecido, que experimentos ou estudos pilotos podem ser feitos? Sinalizam a intenção competitiva e provocam reações?
4. Quem é o líder atual no negócio adjacente? Faz mais sentido unir forças de alguma forma em vez de acrescentar novo concorrente à área?

Conclusão

As empresas de crescimento sustentável mais bem-sucedidas quase sempre seguem o padrão de crescimento regular e organizado em vários negócios adjacentes em torno de um ou dois core businesses fortes. O padrão se assemelha aos anéis de crescimento das árvores, partindo do centro, crescendo e reforçando o core.

Determinar quais negócios adjacentes buscar e quanto investir neles em relação ao core são as decisões mais difíceis e importantes para qualquer empresa que busca o crescimento sustentável. Examinamos vários casos de como os gestores se excederam, desprezando seu core em favor de negócios adjacentes de grande projeção (Bausch & Lomb). Vimos exemplos de empresas que, hesitantes, mudaram-se para negócios adjacentes importantes, apenas para neles investirem parcos recursos financeiros e talento gerencial. Quase sempre, essas empresas, ao buscarem iniciativas empresariais menos relevantes, arriscaram ainda mais o core (Polaroid). Também observamos exemplos de empresas que conseguiram gerar ondas subsequentes de novo crescimento por meio da abordagem organizada para resolução do dilema entre investir no core ou mudar agressivamente para negócios adjacentes (a empresa de impressoras da Hewlett-Packard). Finalmente, vimos casos de empresas que se afastaram do core, mas logo retomaram para reformular a estratégia de negócios adjacentes segundo sua diferenciação real, turbinando o crescimento (Hilti).

Sofisticadas equipes de gestão na direção de todas essas empresas superaram, em grande parte, o dilema inerente à decisão de reinvestir no core, investir em negócios adjacentes em torno dele ou considerar ideias inovadoras singulares, mas que podem fortalecê-lo. Como essas histórias mostram, não se pode ganhar sempre. No entanto, esperamos que os exemplos, métodos para análise de negócios adjacentes e perguntas diagnósticas neste livro proporcionem estrutura útil para considerações sobre como crescer nos negócios adjacentes certos para se obter a máxima rentabilidade a partir do core.

Novos negócios adjacentes inundam diariamente as empresas de maior êxito. O sucesso multiplica oportunidades, complicando a tomada de decisão, a escolha de prioridades (um bom problema que todos querem ter) e, portanto, o risco. Paradoxalmente, quanto melhor o desempenho, maior o risco nas decisões de seleção e investimento em negócios adjacentes em torno do core.

Às vezes, o próprio core se depara com turbulência à medida que a tecnologia ou as necessidades dos clientes mudam, ou novo modelo de negócio surge no horizonte, devorando a participação de mercado de maneira surpreendente. Essas situações estão se tornando cada vez mais comuns. Portanto, passamos ao nosso terceiro elemento da estratégia de crescimento, a redefinição do core.

4

O Dilema da Redefinição

Quando o naturalista Charles Darwin escreveu sobre a vida nas ilhas Galápagos em 1842, observou uma família rara de tentilhões que se adaptara ao ambiente para sobreviver, e agindo e parecendo bem diferente das aves continentais. Estes pássaros possuíam bicos alongados que lhes permitiam comer alimentos nativos (insetos, castanhas, néctar de frutas tropicais) que os tentilhões europeus não tinham. A prova de que a espécie havia se redefinido para competir com êxito em novo ambiente tornou-se marco da teoria da evolução de Darwin.[1] No mundo empresarial, ocorre uma evolução semelhante. Da turbulência do mundo atual, surgem novas condições ambientais, forçando empresas a se redefinir para sobreviver.[2]

Para compreender a magnitude e as implicações da turbulência setorial, realizamos uma comparação simples entre mais de 40 das principais categorias de segmento (empresas aéreas são um segmento, por exemplo). Para cada setor, definimos turbulência em termos das grandes mudanças estruturais que exigiriam mudanças no modo como as empresas concorrem, e no modo como o profit pool está distribuído. A comparação foi realizada entre a década de 1970 e o início dos anos 2000. Concluímos que o ritmo da turbulência estrutural é três vezes maior do que era há algumas décadas – e isso não inclui a crise financeira de 2008 e 2009. Na década de 1970 apenas 15% a 25% dos segmentos podiam ser considerados turbulentos segundo nossa definição. Hoje o percentual varia de 65% a 75%. Além disso, em uma análise posterior, constatamos que mais da metade da lucratividade no mundo (o profit pool do mundo) estava concentrado em seis grandes segmentos – mídia, energia, aéreo, serviços financeiros, telecomunicações e automotivo – que poderiam ser considerados, em sua totalidade, turbulentos.

Nossa análise identificou cinco tipos principais de forças que geram turbulência no setor – o que justifica a criação de uma classificação de referência para níveis diferentes de descontinuidade nos setores. A primeira dessas forças é uma grande mudança na regulamentação do segmento, como a desregulamentação do setor aéreo há algumas décadas, ou a nova regulamentação no setor bancário em 2009. Uma segunda força causadora de turbulência é o surgimento de uma "tecnologia disruptiva" que traz alterações profundas nos *economics* do segmento e nas regras do jogo. Um exemplo clássico é o efeito do surgimento da fotografia digital para empresas como a Kodak e a Polaroid – mudando o profit pool e redefinindo os vencedores. Uma terceira força, às vezes habilitada pela nova tecnologia, é o aparecimento de um modelo de negócios fundamentalmente inédito com desempenho e *economics* superiores aos do passado. Um exemplo é a maneira como a Dell assumiu a liderança do setor de microcomputadores durante a década de 1990 com seu modelo de vendas diretas. Antes da Dell, o conceito de vender microcomputadores pelo telefone ou on-line era desconhecido, como era também o sistema de estoques enxutos que sustentava o atendimento dos pedidos. O aparecimento de empresas aéreas de baixo custo como a Jet Blue é outro exemplo. A quarta força que pode desestabilizar vencedores e perdedores e esvaziar os profit pools é uma mudança radical nos padrões de comportamento do consumidor, acelerada, às vezes, pela tecnologia. Portanto, para fins de exemplo, o fim dos jornais tradicionais ou a erosão das livrarias de varejo é impulsionado por uma mudança drástica na forma como os jovens obtêm informações. Por fim, temos ainda o efeito das economias em desenvolvimento – principalmente a China e a Índia – que impactaram as estruturas de custos de manufatura, além de preços de commodities, tão profundamente. Muitos segmentos como o jornalístico, serviços financeiros ou mídia estão sentindo várias dessas forças ao mesmo tempo.

O poder da turbulência do setor em determinar vencedores e perdedores é visível na comparação de nossas criadoras de valor sustentável na década passada com as empresas gerando valor de mercado a velocidade espantosa nos últimos três anos daquela década (não necessariamente valor sustentável, mas valor criado). Para examinar isso, classificamos as criadoras de valor sustentável segundo sua fonte básica de crescimento, seja ela o desempenho histórico do core e crescimento em negócios adjacentes (como a UPS ou Wal-Mart), mercado ou modelo de negócio recém-criado (como a eBay ou a Dell) ou verdadeira transformação do core histórico (por exemplo, a Schwab ou a Nokia). Então, aplicamos as mesmas classificações às maiores empresas de melhor desempenho. A Figura 4.1 mostra essa comparação. Durante aquela década, empresas com bom desempenho antes da turbulência dos últimos anos cresceram e prosperaram principalmente por meio do crescimento do core e em negócios adjacentes. Na verdade, 84% seguiram esse padrão tradicional. Por outro lado, empresas que alcançaram os maiores níveis de desempenho de 1997 a 2000 foram aquelas que tiraram vantagem da turbulência para entrar em mercados recém-descobertos, desenvolver modelo de negócio inovador ou transformar radicalmente o core, com maior rapidez do que o crescimento em negócios adjacentes permitiria. De fato, mais da metade das empresas de melhor desempenho nesse último grupo atacava novos mercados ou surgira de redefinições do core.

Esses estudos foram realizados há uma década, mas análises recentes confirmaram que suas conclusões são válidas ainda hoje. Por exemplo, um

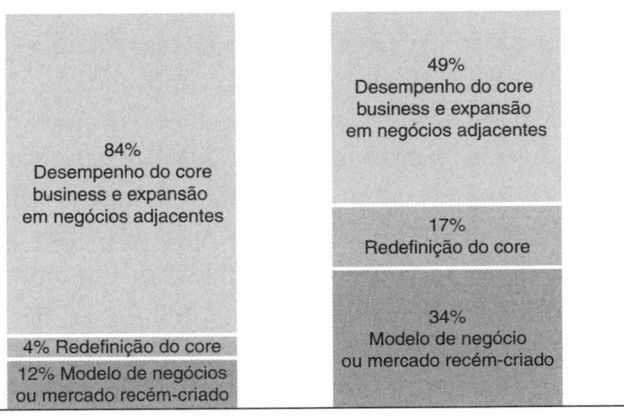

Criadoras de valor sustentável
1990-1999ª

Empresas norte-americanas de grande porte de melhor desempenho
1997-1999ᵇ

4-1 A Turbulência Está Mudando as Fontes de Crescimento

a. Baseado em amostra de empresas dos Estados Unidos criadoras de valor sustentável; n = 67.

b. Grandes empresas com alto índice de criação de valor em três anos (até 31/12/99) como publicado no *Wall Street Journal:* n = 35 estudo realizado com as 33 empresas de maior crescimento em oito países entre 1987 a 2007 revelou que dois terços delas eram empresas novas com um modelo de negócio recém-criado. Além disso, 36% dessas novas empresas criaram um profit pool que não existia anteriormente.

A Raridade da Transformação Bem-sucedida

A necessidade de redefinir o core business está se tornando mais importante e mais comum frente à crescente turbulência setorial. No entanto, a história mostra que transformações bem-sucedidas são raras. Ao examinar a história de nossas 240 empresas criadoras de valor na década passada, encontramos menos de 30 que realmente sofreram importante redefinição de seu core business. Realizando então a análise de outros estudos de transformações bem-sucedidas de importantes empresas na década passada, verificamos o que a imprensa voltada a negócios publicou e reexaminamos nossos próprios arquivos. Mesmo com um universo de 2.000 empresas, encontramos menos de 100 com transformação fundamental do core (em empresas com escala acima de US$500 milhões). Na verdade, na literatura que pesquisamos, cerca de 15 exemplos comuns constituíram a maioria dos casos de transformação. As empresas mais citadas foram a Corning, Charles Schwab, PerkinElmer Instruments, Nokia, Monsanto, Apple, GE (por causa em grande parte da GE Capital), Roche e Samsung. Embora não tenhamos realizado estudo abrangente de população, parece que apenas cerca de 5% a 10% de empresas com crescimento lucrativo transformaram ou redefiniram seu core business na década passada. Às vezes, as "transformações" do momento que recebem maior destaque da imprensa acabam sendo falsas – e temos os exemplos da Enron, Vivendi e AOL-Time Warner. Ao mesmo tempo, também constatamos evidências de que a necessidade e a frequência de redefinir o core está aumentando com o tempo graças a níveis mais altos de turbulência na maioria dos segmentos. Levando-se em consideração as profundas implicações que o core histórico das empresas possui, não é de se surpreender que mudança desse porte seja raramente empreendida ou resulte em êxito.

Como redefinições nunca seguem padrões, necessitávamos de uma definição funcional. Estabelecemos que determinada empresa redefiniria ou transformaria seu core com eficácia se estivesse apresentando crescimento lucrativo e se a mudança em seu modelo ou definição de negócio tivesse sido de fato crucial. Para termos uma ideia da amplitude das transformações, consideremos os quatro exemplos a seguir.

Marvel Entertainment: Mudança para um Novo Modelo de Negócio

A Marvel Entertainment já foi líder na publicação de revistas em quadrinhos, apresentando uma galeria impressionante de super-heróis, como Homem Aranha, Incrível Hulk e Wolverine. Entretanto, em 1996, a Marvel estava em apuros, e nem mesmo o Homem Aranha e seus superpoderes conseguiriam salvar a empresa da falência. Mas, como a vida imita a arte, a empresa que havia criado e controlava um conjunto de mais de cinco mil personagens que apareciam em mais de 30 mil histórias passou por uma reformulação.

A nova liderança – o diretor Isaac Perlmutter (que se tornou CEO em 2005) e o líder de criação Avi Arad – enxergou o potencial de transformar a empresa que publicava histórias em quadrinhos em um negócio mais amplo de entretenimento, criado em torno daqueles super-heróis queridos e de sucesso garantido. Eles descobriram que os personagens, a base de fãs e a impressionante biblioteca de histórias poderiam ser reutilizados nos tempos modernos e para a mídia moderna. Inicialmente, eles trabalharam com os estúdios de cinema, promovendo o Homem Aranha, que se tornou um sucesso de público. Com o tempo, mais personagens foram convocados – X-Men, O Quarteto Fantástico e Surfista Prateado, entre outros – e também foram produzidas continuações no cinema para o Homem Aranha. O sucesso dos filmes aqueceu a venda de jogos e livros, e criou uma comunidade on-line de fãs devotados. A Marvel hoje produz seus próprios filmes – um novo negócio adjacente ao seu core – e teve sucesso logo no início. O primeiro filme produzido pela empresa, "Homem de Ferro", gerou bilheteria mundial de US$582 milhões, alimentando outros fluxos de receita como licenciamento de brinquedos. A renovação chegou até o core das histórias em quadrinhos originais. Recentemente, a empresa anunciou a data de estreia em 2010 para um show da Broadway do Homem Aranha chamado "Turn Off the Dark".

Os resultados foram espetaculares – um salvamento que beneficiou os super-heróis da Marvel. Em 2008, a Marvel obteve receitas de US$676 milhões e EBIT de US$355 milhões. Nos cinco anos após o mês de dezembro de 2003, o preço das ações da empresa subiu mais de 58% enquanto o índice NYSE caiu 11% no mesmo período. A empresa reformulou seu modelo de negócios, entrou em novos negócios adjacentes e salvou seu core original de uma maneira que causaria admiração a seus próprios super-heróis. A validação definitiva da estratégia da Marvel veio em agosto de 2009, quando a Disney fez uma oferta pela empresa e seu elenco de super-heróis em uma transação avaliada em US$4 bilhões à época.

General Dynamics: Reduzir para Crescer

A General Dynamics foi formada em 1952 por meio da combinação da Electric Boat Company, construtora de submarinos e navios, e da Convair, fabricante de aeronaves. A empresa apresentou rápido crescimento durante o desenvolvimento da defesa na década de 1960, com ênfase no setor aeroespacial e produzindo o polêmico avião de combate F-111. Em 1976, a General Dynamics comprou a Chrysler Defense e, em 1986, a Cessna Aircraft, para se tornar amplo conglomerado de sistemas de defesa.

No início dos anos 1990, a General Dynamics percebeu a iminência dos cortes no orçamento de defesa americano e o perigo de sua participação em muitos setores nos quais não era líder. Embora a empresa tivesse crescido para mais de US$10 bilhões em faturamento em 1990, estava prestes a perder dinheiro nos três anos seguintes. Esta crise levou a nova administração a decidir sobre a redefinição de seu core business mais forte, sistemas navais, fortalecendo-o e ampliando-o.

Durante os dois anos que se seguiram, a General Dynamics reduziu em 70% seu faturamento, atingindo US$3,1 bilhões em 1995, e retomou à lucratividade no processo. Com os recursos das vendas em defesa aérea e mísseis, adquiriu empresas que reforçaram e ampliaram o core, como o estaleiro Bath Iron Works. Essas ações impulsionaram as receitas da General Dynamics para US$9 bilhões com lucros de US$880 milhões. Investidores reagiram bem à transformação do portfólio da empresa, elevando seu valor de mercado de US$1 bilhão no início da década para quase US$12 bilhões no final.

O observador casual da história da General Dynamics talvez a veja como exemplo de reestruturação acompanhada por crescimento renovado de core mais forte, e certamente foi o que aconteceu, mas há muito mais.

A General Dynamics estava entre as primeiras, no final dos anos 1980, a perceber a mudança do modelo de negócio nas compras militares. A queda da União Soviética e do Muro de Berlim aumentou a pressão para diminuição dos gastos com defesa. Uma consequência dessa redução nas compras militares foi a mudança de contratos com custos corrigidos, que alimentaram a definição setorial da defesa durante décadas, para contratos de preço fixo. Esses novos contratos pressionaram ainda mais os custos e lucros. O governo não mais suportaria o risco financeiro e financiaria crescimento de capacidade; agora o dinheiro seria obtido pela gestão rígida dos pedidos em carteira num modelo de negócio bem diferente. A administração da General Dynamics sentiu que muitos negócios da empresa tinham, portanto, atingido valor máximo e que compradores potenciais (outras empresas de defesa) estavam aproveitando o altíssimo fluxo de caixa que ainda teriam por algum tempo. A estimativa da Bain do valor gerado pela General Dynamics aos acionistas, cinco anos após sua reestruturação, sugere que de um terço à metade do aumento de valor para US$9 bilhões veio da percepção de como as novas regras do jogo mudariam para que agissem de forma adequada, com rápidos desinvestimentos e reestruturação. Desde aquela época, a General Dynamics está, de acordo com várias métricas, entre as empresas de maior desempenho no setor de defesa em termos mundiais.

Apple: Mudança no Core para Entrar em Novos Negócios Adjacentes

Talvez o caso mais espetacular de rejuvenescimento corporativo dos últimos cinco anos seja a Apple. A Apple se redefiniu ao desenvolver um novo "core" em torno do iPod e do iTunes, levando-o a *economics* de liderança e criando uma fórmula repetível para expandir em um conjunto de negócios adjacentes. Porém, não faz muito tempo, o core original de computação da Apple estava em uma situação estratégica ruim. No final de 2003, as ações da Apple haviam estacionado por 15 anos praticamente no mesmo lugar, sem criar valor econômico algum. Sua participação de mercado global no segmento de computadores pessoais caiu para 2% em 2004. Mesmo durante o período entre 1993 e 2003, uma fase intensa de crescimento no uso global de computadores pessoais, o retorno total ao acionista da Apple foi de apenas 4%, e o retorno sobre o patrimônio líquido, apenas 2%.

Todavia, iniciando em 2003 com o lançamento do iTunes Musical Store, as vendas do iPod decolaram. Em apenas dois anos, a Apple conquistou 70% do mercado de tocadores portáteis de MP3, e o iTunes conquistou 85% do mercado de downloads de música. De junho de 2003 a maio de 2009, o valor de mercado da Apple saltou de US$7 bilhões para mais de US$100 bilhões. É interessante notar que a renovação da Apple dependeu de competências já existentes em design, tecnologia, sua base de clientes jovens e sua superioridade em desenvolver interface de software. Sem dúvida alguma o iTunes e o iPod são modelos de simplicidade para o usuário.

A máquina de expansão em negócios adjacentes da Apple está funcionando agora em marcha alta em várias dimensões – novos produtos adicionados ao iTunes como filmes e programas de TV (quase ilimitado em termos de possibilidades), modelos para o iPod, expansão em lojas de varejo e todas as possibilidades que o iPhone oferece, como o AppStore para downloads de software.

Estes quatro esboços concisos mostram como as transformações variam ao longo das seguintes dimensões-chave:

- Método (orgânico *versus* descontínuo por meio de aquisição)
- Resultado final (mudança *versus* redefinição *versus* substituição do modelo de negócio original)
- Estrutura organizacional de novo core (integrado *versus* isolado)
- Papel da tecnologia (limitado *versus* decisivo)
- Lógica (mudança de posição *versus* defesa versus ataque)

Em análise recente de mais de 40 transformações, a equipe da Bain & Company verificou que, além dos componentes óbvios como a "estratégia certa", competências ou recursos, cinco variáveis-chave controláveis explicavam o sucesso. Estas possuíam forte correlação estatística com o resultado e retornos econômicos finais. Em ordem de importância média, são elas:

1. Tempo disponível e sentido de urgência
2. Lógica motivadora clara para o "ponto de chegada"
3. Liderança do CEO visível, empenhada e forte
4. Forte programa de participação nos lucros ligado aos resultados para a gerência
5. Disposição para mudar ou substituir a gerência quando necessário.

Alguns desses resultados, como a ênfase em curto prazo e disposição para desestabilizar a equipe, contradizem a sabedoria comum – embora estejam presentes nas práticas das melhores empresas de private equity.

Estatísticas sobre a Mortalidade Empresarial

A maioria das espécies biológicas, incluindo os seres humanos, atinge vida útil mais longa a cada geração. O oposto parece ocorrer nas empresas: tabelas de mortalidade empresariais mostrariam que sua vida útil está diminuindo e sua saúde cada vez mais ameaçada, em grande parte porque não conseguem se adaptar às rápidas mudanças ambientais.

Em seu trabalho sobre a "empresa viva", Arie de Geus reuniu dados estatísticos de populações empresariais, sugerindo que a expectativa média de vida de empresas no Hemisfério Norte é bem abaixo de 20 anos. Apenas as grandes empresas que ele estudou, que começaram a crescer após terem sobrevivido à infância de alto risco, continuaram a viver em média outros 20 ou 30 anos.[3] Esses resultados estão de acordo com outros estudos de expectativa de vida empresarial. Por exemplo, a *Economist* apresenta dados estatísticos sugerindo que as empresas japonesa e europeia médias agora sobrevivem menos de 13 anos.[4]

De Geus também estudou minuciosamente 27 empresas que sobreviveram mais de 100 anos, lideradas pela Stora, a empresa sueca de papel e produtos químicos que tem mais de 700 anos. Em todos os casos, ele verificou que a longevidade dependia da capacidade da empresa de transformar seu core business em determinados momentos críticos. De fato, de Geus descobriu que todas as 27 empresas inverteram todo seu portfólio empresarial, em média, no mínimo uma vez durante sua vida. Sua capacidade de mudar e migrar seu core business para se adaptar ao ambiente determinou sua sobrevivência.[5] Como Charles Darwin disse sobre as espécies: "Não são as mais fortes que sobrevivem nem as mais inteligentes, mas aquelas que melhor se adaptam às mudanças." O mesmo parece ser válido para empresas.

As Chances Crescentes de Mortalidade Empresarial

Todo analista de seguros elabora não apenas tabelas de mortalidade mostrando o período médio de vida como também tabelas de morbidade com as taxas de doenças degenerativas e saúde precária. Grande parte de nossa análise revela a enorme proporção de empresas cuja taxa de retorno é – há algum tempo – menor do que seu custo de capital. Muitas delas, como a National Semiconductor, Westinghouse, Sears, U.S. Steel, Xerox ou General Motors, são empresas que possuíam a maior parte do valor em seu setor. Agora estão vendo grande parcela dos lucros migrar para novos concorrentes e rivais históricos mais adaptativos.

Uma medida de mortalidade empresarial poderia ser a velocidade na qual o profit pool em qualquer segmento esteja mudando. Embora há mais ou menos duas décadas o valor da empresa mudasse muito lentamente, hoje flutua intensamente – conforme as experiências nos setores de serviços financeiros, jornais e telecomunicações, por exemplo, nos mostraram. Mesmo longe das mudanças voláteis de valor, há evidências de que o valor econômico da liderança de uma empresa se tornou mais tênue. Tomemos, por exemplo, a disputa por posição entre as três maiores empresas durante os anos 1980 e 1990 em determinada amostra de setores. Dos setores que estudamos, 75% apresentaram taxas maiores de desistência de clientes, ameaçando ou deslocando o líder. Conclusão: líderes podem perder posição com maior facilidade do que nunca, e isso acaba acontecendo.

Também analisamos a distribuição do valor econômico em empresas nestes setores de meados dos anos 1980 até o ano 2000. Aqui, mais de 70% do valor setorial total (medido pela proporção do valor total) mudara de mãos ou passara por vários setores, incluindo empresas da área de saúde, siderurgia, computadores, telefonia móvel e varejo de massa.

A maioria das grandes empresas tem cada vez mais dificuldade em manter o valor. Durante o período de 25 anos compreendido entre 1958 e 1983, 70% das 20 empresas de maior valor nos estados Unidos ainda figuravam na lista. Por outro lado, nos 25 anos seguintes, de 1983 a 2008, apenas 30% das empresas conseguiram se manter na lista.

Chances de Sucesso com a Redefinição

Os dados estatísticos sobre a vida útil empresarial e a velocidade na qual líderes perdem seu lugar em tempos de turbulência proporcionam clara evidência de que redefinir um core business forte não é fácil. Para maior insight sobre as chances de sucesso e fracasso em redefinição de negócios, selecionamos 20 empresas que eram líderes ou apresentavam excelente desempenho em seu core business e eram rentáveis no início do período de turbulência em seus setores. Nenhuma das 20 conseguiu tomar a iniciativa para se adaptar e, como resultado, todas apresentaram desempenho pior após o período turbulento. Novos concorrentes surgiram ou fortes vice-líderes tiraram vantagem da incapacidade dos líderes em mudar com a rapidez necessária.

Esta análise incluiu empresas como a Digital Equipment Corporation e IBM (diante da revolução de informática), Tandy (diante das mudanças de sistemas de informação auxiliando grandes lojas de varejo), McDonnell Douglas (enfrentando a racionalização de seus clientes core do Departamento de Defesa), Xerox (enfrentando as alterações radicais para informação digital e em rede), Kodak (diante da entrada de concorrente estrangeiro e o desenvolvimento das imagens digitais), e Delta Air Lines e United Airlines (frente à desregulamentação de companhias aéreas). Nenhum de nossos líderes melhorou seu desempenho após a turbulência, apesar da recuperação na macroeconomia mundial. Na verdade, os retornos financeiros para acionistas dessas empresas deterioraram em média mais de 10 pontos ao ano e ficaram abaixo do custo de capital. Constatamos que as empresas geralmente optaram por realizar expansões agressivas em negócios adjacentes quando o imperativo mais irrefutável teria sido continuar a se concentrar na exploração, reforço e fortalecimento do core. Nossos exemplos anteriores da Bausch & Lomb, Sears e WH Smith ilustram esse erro.

A pior discrepância entre estratégia e ciclo de crescimento é encontrada na empresa que necessita redefinir alguns aspectos fundamentais de seu core business mas, consciente ou não da ameaça, continua insistindo no crescimento com seu modelo antigo. Consideremos os seguintes exemplos:

- A Sears observou a The Home Depot, com seu modelo de negócio de serviços superiores a baixo custo, vender ferramentas (o core do varejo da Sears) e crescer de uma para 10, 50, 200 lojas. Apenas quando a The Home Depot se tornara empresa de US$10 bilhões, a Sears começou a testar agressivamente formatos varejistas alternativos, mas já era tarde demais para deter a concorrência, que hoje tem a Lowe como líder de mercado.

- A Kodak tinha acesso a previsões relativamente corretas sobre a velocidade com que o uso de câmeras digitais cresceria e deslocaria as tecnologias baseadas em filme, mas não foi capaz de definir seu plano, mobilizar a organização e desacostumar-se rápido o suficiente daqueles lucros do negócio de filmes. No início de 2009, apesar de realizar esforços hercúleos, a empresa que já havia dominado seu segmento valia apenas US$700 milhões, número significativamente inferior ao que valia no seu auge, apesar de o profit pool de segmento mundial de fotografia ser muitas vezes maior.

Redefinição Tem a Ver com Agilidade

Se a velocidade não fosse problema, os core businesses poderiam sempre ser reposicionados por meio de crescimento em negócios adjacentes como descrito no capítulo anterior. No entanto, quando há turbulência, respostas estratégicas e organizacionais normalmente não são suficientemente rápidas por três razões:

1. Programas de mudanças importantes que demoram muito para serem finalizados apresentam resultados insuficientes.
2. O mercado de capitais pune a reação lenta à turbulência.
3. Reação lenta à turbulência enfraquece a posição competitiva.

Extensos programas de mudança não direcionam adequadamente a atenção e o foco organizacional. Para melhor compreender isso, examinamos 20 importantes programas de transformação – tanto estratégias de mudança de posição quanto de novo crescimento. Os programas finalizados em menos de 15 meses geraram retornos três vezes maiores do que os programas que levaram três anos.

Durante os anos 1980, a reengenharia chamou a atenção empresarial como fórmula para reverter a queda do crescimento e preencher lacunas emergentes no lucro. Legiões inteiras de empresas de consultoria flutuaram com esses programas de reengenharia cuja meta era transformar empresas, eliminar camadas, agilizar processos de tomada de decisão e tirar vantagem de novas tecnologias de informação.

A reengenharia tentou realizar mudanças importantes nos processos internos do core business, consertando o motor enquanto ainda estava funcionando. Hoje os dados mostram que mais de 70% desses programas eram inúteis ou destruíam valor e que os outros ficavam aquém de suas metas.[6] De fato, mesmo um dos primeiros arquitetos da onda de reengenharia, Michael Hammer, realizou pesquisa no Center for Corporate Change documentando fracassos desse tipo. John Kotter, na Harvard Business School, também estudou mais de 280 programas de mudança e encontrou proporção de insucesso acima de 90%. As razões básicas para o fracasso são a falta de priorização, energia e compromisso com o nível de mudança necessário assim que as dificuldades e custos se tornam visíveis. Isto, naturalmente, relaciona-se ao tempo envolvido. Em qualquer organização, é simplesmente impossível manter estado de crise e urgência durante dois a três anos. No entanto, a complexidade inerente à reengenharia dificultou a execução de programas de grande escala em menor tempo. A proporção de insucesso da reengenharia sempre foi predeterminada pela base do comportamento humano.

O resto deste capítulo explora este fenômeno de redefinição e analisa três questões-chave:

1. Quando se sabe o momento para redefinição do core?
2. Quais são os melhores métodos organizacionais para empreender tarefa tão difícil?
3. Quais são as lições aprendidas de sucessos e fracassos passados durante a redefinição do core business?

Quando Redefinir o Core?

Imaginemos a reação de executivos da alta gerência às seguintes revelações:

- Uma grande operadora de telecomunicações, sempre alegando aos acionistas que telefonia via Internet somente será relevante no futuro distante, descobre que a qualidade está melhorando mais rapidamente do que esperava e o uso das ligações interurbanas "gratuitas" está aumentando mais rapidamente do que o previsto. Você fica imaginando o que criará os fluxos de lucros do futuro?

- Uma grande companhia de seguros que sabe que todos os seus lucros são provenientes de variações de preços e imperfeições de mercado por desconhecimento de seus clientes vê um número cada vez maior de seus clientes cotando seguros na Internet, expondo publicamente a ineficácia da política de preços da empresa. O que você pode fazer para criar uma fonte mais viável de lucratividade futura?

- Um jornal com margens de lucro apertadas analisa o declínio no número de leitores e vendas de anúncios classificados e descobre que a mudança dos leitores mais jovens para os recursos on-line está se acelerando, e que a publicidade está deixando os jornais impressos mais rapidamente do que o previsto. Essas mudanças estão exaurindo suas fontes de receita, e há menos recursos a serem investidos no futuro. O que você faz agora?

- Uma grande cadeia de varejo dedicada a produtos para animais domésticos descobre que o Wal-Mart está entrando em seu mercado e está investindo para expandir a seção de produtos para animais domésticos. Os dados preliminares sugerem que o Wal-Mart está conquistando participação de mercado, mas concorrer apenas no preço é jogar o jogo deles. Como você pode mudar o seu core para se diferenciar do varejo bélico do Wal-Mart no futuro?

- Uma grande varejista convencional de livros percebe que o desconto de 20% a 30% oferecido on-line não é fenômeno temporário e que os novos equipamentos para o consumidor como o Kindle, que permite ao usuário fazer download de livros, estão se aprimorando e ganhando aceitação do consumidor. O que você faz?

Essas e milhares de outras situações são exemplos de empresas com core businesses direcionados e fortes reconhecendo a provável necessidade de redefinir o core de maneira fundamental e lidando com o problema de como e quando fazê-lo.

Consideremos a redefinição do core no caso da Xerox. Sua origem remonta às patentes de eletrofotografia submetidas por Chester Carlson no final dos anos 1930. Na tentativa de obter financiamento para suas ideias, Carlson entrou em contato com imensa lista de empresas, incluindo a RCA, Remington Rand, General Electric, Kodak e IBM. Nenhuma delas lhe deu atenção, satisfeitas em continuar usando papel carbono. As décadas seguintes viram a criação da Xerox e desenvolvimento gradativo da xerografia até o lançamento da revolucionária copiadora 914 em 1959. Esse produto transformou o setor de cópia, retirando do mercado mais de 30 empresas que basicamente usavam mimeografia, papel carbono e processo diazo. A 914 detonou importante turbulência no setor – e crescimento. Nos anos 1950, escritórios nos Estados Unidos fizeram aproximadamente 20 milhões de cópias, de maneira lenta e entediante. Com máquinas Xerox, o número de cópias explodiu para 14 bilhões em 1966 e mais de 700 bilhões em 1985.

Durante algum tempo, a Xerox manteve monopólio implícito. Porém, ataques no segmento low-end do mercado pelo fabricante japonês Canon, seguido pela Minolta, Ricoh e Sharp, desencadearam uma década de ataques e contra-ataques pela Xerox. De 1976 a 1982, ela viu sua participação mundial nas receitas de copiadoras diminuir de 82% para 40%.[7] O retorno da Xerox aos acionistas caiu quase a zero. A empresa lutou de maneira tradicional, como o líder desperto combatendo formas tradicionais de concorrência em meio empresarial bem definido.

Hoje, as máquinas Xerox competem pela participação na reprodução de documentos com máquinas de fax mais poderosas, impressoras de alta velocidade ligadas aos computadores, scanners conectados a impressoras e e-mail. A convergência de tecnologias significa que o principal concorrente da Xerox talvez seja, agora, a Hewlett-Packard no amplo cenário de gestão de documentos digitais, definição de negócio muito mais ampla.

Sinais de Alerta de Transformação Setorial

Mais passageiros aéreos morrem ou são feridos devido à turbulência do que qualquer outro problema de aviação. Com a exceção de repentina alteração na velocidade e direção do vento, a turbulência em geral pode ser vista e prevista com sofisticados radares Doppler. Até mesmo os instrumentos relacionados à alteração na velocidade e direção do vento estão se desenvolvendo com rapidez. Quais são os sinais de alerta para empresas da iminência de turbulência e necessidade de mudar o curso?

Há vários sinais indicativos de turbulência iminente que devem ser detectados pelo radar de empresas que querem manter crescimento lucrativo de seu core business. Na verdade, nossa análise de 25 casos de turbulência (excluindo-se aqueles relacionados à Internet) que ocorreram até o período da crise financeira de 2008 indica que as nuvens de tempestade no horizonte lançam sombras distintas e perceptíveis a nossos pés. O alerta precoce de turbulência em cada caso foi uma das seguintes condições.

Erosão de Segmentos de Produtos Low-end. Esta turbulência começa aparentemente inofensiva com a perda de participação de mercado em segmento de clientes de baixo poder aquisitivo considerado difícil de atender e/ou não lucrativo. Este é o "dilema do inovador" escrito por Clayton Christensen, no qual uma tecnologia nova e disruptiva com economia nova e de baixo custo entra em cena e logo transforma os clientes menos lucrativos e desejáveis do líder em interessantes e lucrativos para o novo vice-líder. Ao abandonar sucessivamente segmentos low-end do mercado, as empresas antigas se colocam contra a parede. Um exemplo é a penetração de negociação eletrônica de ações, canal a princípio desprezado por importantes corretoras como a Bear Stearns e a Merrill Lynch.

Na siderurgia, esta dinâmica ocorreu duas vezes em rápida sucessão. Nos anos 1980 ocorreu a entrada do aço japonês de baixo custo produzido por fundição contínua. Os japoneses também avançaram na cadeia de valor na siderurgia, começando com pilares e bobinas e passando aos produtos de maior margem. Cinco anos depois, novos concorrentes entraram no setor, como a Nucor Corporation e a Worthington Steel, os quais atingiram custos menores em produção de escala bem pequena por meio de tecnologia de miniusinas siderúrgicas.

Erosão de Segmentos de Clientes. Esta forma de turbulência se torna visível primeiro no crescimento da perda de clientes. Por exemplo, clientes no setor automobilístico indicam índice de satisfação com seus carros entre 70% e 80%. No entanto, mais da metade de compradores de carros mudam de marca em sua compra seguinte. Medidas de satisfação às vezes refletem apenas a racionalização dos clientes de suas decisões passadas. Medidas de deserção ou fidelidade indicam o comportamento real dos clientes e revelam sua verdadeira satisfação. Dados de fidelidade sobre a reação de clientes aos pequenos carros japoneses nos anos 1980 apresentam nítido contraste com aqueles obtidos em pesquisas de satisfação que anestesiavam líderes, como a General Motors, em sua fraca estratégia de manter o *status quo*. Alterações repentinas no índice de deserção do core indicam problemas.

Erosão de Microssegmentos. Um dos maiores perigos para a empresa é o surgimento de novo concorrente capaz de atacar microssegmentos mal atendidos da base de clientes com modelo direcionado e superior. Este perigo é difícil de se detectar e pode sinalizar mudança fundamental na natureza da concorrência. A Internet recebe, às vezes, crédito pela revolução em vendas diretas e transformação de produtos. Na verdade, ocorre o oposto. A Internet desenvolveu caminhos escorregadios para microssegmentação e o surgimento de personalização e diferenciação de produtos mais sutis e reais. Isto significa que as inovações na Internet quase sempre deslizam para mercados de forma furtiva, uma emboscada para concorrentes tradicionais.

Nos anos 1970, a ABC, CBS e NBC foram responsáveis por 94% da audiência da televisão nos Estados Unidos. Hoje, a participação de telespectadores da rede combinada é muito inferior. A diferença fica por conta de centenas de "canais para público selecionado", como canais de golfe, notícias, canais étnicos, religiosos, científicos, esportivos, comerciais, infantis etc. A grande erosão de audiência da CBS News para CNN constitui um microcosmo de oportunidades há muito ignoradas, desterradas pela microssegmentação.

Erosão das Fronteiras Tradicionais do Negócio. Talvez o sinal de mudança mais óbvio, e provavelmente o mais ignorado, seja a erosão súbita das fronteiras tradicionais do negócio, dobrando (ou mais) o número de concorrentes disputando espaço. O desenvolvimento da imagem digital, por exemplo, representou ameaça transformacional à Xerox no mercado de reprodução e aos fabricantes de máquinas fotográficas e filme tradicionais no mercado de fotografia.

Novos Intermediários e Pontos de Controle. Algumas das empresas mais lucrativas com o passar do tempo são aquelas que conseguiram controlar a posição em um sistema maior que outros precisaram atravessar, ignorar ou usar de certa forma. Pontos físicos de controle que vão desde o Porto de

Veneza, que controlava o comércio marítimo de especiarias na Europa de 1400, ao Canal do Panamá, são exemplos físicos. Exemplos eletrônicos vão do domínio absoluto da Microsoft no setor de software devido ao seu sistema operacional DOS patenteado ao domínio da Ticketmaster na venda de ingressos para certos eventos on-line.

Turbulência Gerada pela Internet

A Internet está provocando mudanças rápidas e profundas porque propicia menores custos de transação, distribui informações universais e permite a criação de redes. Apesar de já ter transcorrido uma década desde a bolha das empresas ponto-com, a Internet continua a gerar novas formas de mudanças estruturais reais e profundas em empresas com altos custos de informações em relação aos custos totais em toda a cadeia de valor, e com grande potencial para reduzir custos de transação ou eliminar etapas desnecessárias. O impacto da Internet sobre a estrutura empresarial é profundo onde há inúmeros compradores e vendedores, colocando em jogo efeitos de rede e comunicações. O portfólio de empresas pode ser identificado e classificado segundo sua vulnerabilidade a mudanças induzidas pela Internet.

Em uma situação, o impacto básico da mudança vem de novas fontes de produtividade. Um exemplo seria a Cisco, principal fornecedora de equipamentos na Internet. Ao reconhecer o poder comercial da Internet, a Cisco logo passou a negociar 85% de sua receita via Web. Mais importante, a grande variedade de aprimoramentos da produtividade gerados pela Internet permitiu que a empresa se tornasse líder em custos. Em software, a Oracle é líder em capacitação na Web e reduziu seus custos em US$1 bilhão.

A maioria das empresas pode lucrar em uma segunda situação, onde a Internet viabiliza crescimento adicional a partir de ativos core. A atividade de publicidade em páginas amarelas da U. S. West se beneficiou com esses aprimoramentos. A empresa transformou sua ampla equipe de vendas em campo concentrada apenas em propaganda impressa em outra que também vende anúncios na Internet e proporciona imensa variedade de serviços e assistência a home pages de pequenas empresas. Tal iniciativa já aumentou o resultado final.

Na terceira situação, oportunidades ocorrem em modelos de negócio onde custos de informações são altíssimos. Exemplos incluem a distribuição de livros ou peças eletrônicas, onde os custos de busca são altos em relação aos preços do produto e as bases de fornecedores e clientes são dispersas.

Testes para Redefinição

Como saber se é hora de decidir sobre a necessidade de grande redefinição do core? Nossa pesquisa mostra que as equipes de gestão geralmente enxergam a mudança que se aproxima e preveem sua trajetória com bastante precisão, mas acabam tendo dificuldade em decidir como mudar e como mobilizar a organização. A Kodak, por exemplo, tinha previsões bastante claras sobre o rumo futuro da tecnologia digital na maioria de seus negócios. Porém, dada a complexidade e magnitude da mudança que seria necessária, a empresa teve dificuldade em mobilizar-se com rapidez – e lutou para se desacostumar a ter um fluxo de caixa robusto proveniente do negócio de filmes. Ela fracassou ao determinar logo no início o formato da nova Kodak. Enquanto isso, concorrentes mais ágeis e novos concorrentes assumiram a dianteira em um ritmo mais acelerado. O mesmo aconteceu nos segmentos de jornais, música e telecomunicações. A dificuldade de tais dilemas de redefinição também é observada no segmento automobilístico há algumas décadas, culminando em um surto de falências e quase falências das principais montadoras na América. Entretanto, as sementes deste fracasso foram plantadas décadas atrás – e o segmento foi tímido e lento demais nas mudanças de acordo com a maioria dos padrões. Não há uma fórmula única a ser aplicada a essas situações complexas, mas utilizamos os seguintes testes para determinar o momento de se considerar a redefinição:

- Os grandes investidores de risco (venture capital e private equity) estão financiando empresas com o intuito óbvio de atacar determinado segmento de seu core business? Em caso afirmativo, investigue mais.
- Os candidatos sofisticados estão fazendo perguntas cada vez mais difíceis em discussões realizadas em outros pontos do setor sobre o seu modelo de negócio básico? Em caso afirmativo, assuma que eles sabem do que estão falando.
- Um novo concorrente está começando a ganhar participação de mercado rápida e assustadoramente em determinado segmento marginal

que a sua empresa controlava? Em caso afirmativo, lembre-se que a maioria das tecnologias mais perturbadoras começou a se desenvolver e propagar dessa maneira.

- As etapas na cadeia de valor que você considerava core estão sendo separadas e controladas por especialistas? Em caso afirmativo, o poder de mercado talvez mude para o participante que conquista e detém determinada etapa fundamental, atingindo o status de guardião em relação ao resto do setor.

- Há segmentos adjacentes de clientes, de rápido crescimento, que sua empresa era capaz de atender, mas que agora não consegue fazê-lo sem acrescentar nova competência? Em caso afirmativo, analise-os imediatamente e entenda o que está ocorrendo.

- Há mudanças reguladoras ou jurídicas potenciais capazes de perturbar sua posição competitiva no core ou sua capacidade de competir no próximo conjunto de negócios adjacentes lógicos em seu plano de crescimento? Em caso afirmativo, formule logo planos de contingência para se proteger contra essa incerteza.

Se a resposta a duas ou mais das perguntas citadas for afirmativa, sua empresa precisa considerar o realinhamento do core com urgência.

Preparar a Organização para Redefinir o Core

Redefinir o core business enquanto ainda apresenta rentabilidade suscita vários dilemas importantes e imediatos, particularmente agudos em muitas redefinições orientadas pela Internet:

- *Política de preços.* Tornar o novo modelo 100% competitivo requer o desenvolvimento de várias estratégias de preço. Mas qual sua influência no core business?

- *Escolha de pessoal.* O novo modelo do core exige excelentes gestores para iniciar atividades difíceis e assegurar que a empresa vai competir com eficácia. Porém, os melhores gestores são necessários na administração do core original, a origem histórica de todos os lucros.

- *Remuneração.* A estrutura de remuneração precisa ser diferente no novo modelo. No entanto, como motivar igualmente todos os funcionários?
- *Canais.* Vender produtos de forma a competir com canais historicamente utilizados é confuso e difícil para o core original, mas quase sempre ele é capaz de fazê-lo.
- *Sucesso.* Suponhamos que o novo modelo tenha êxito e comece a ganhar participação de mercado. Que tensões isso causa durante a fase de transição e como podem ser controladas internamente?

Mais do que nunca, empresas estão lutando com o dilema entre redefinir internamente o core, reter o valor de uma atividade integrada e conjunto de clientes, e redefini-lo externamente para obter estratégias independentes e atrair o tipo certo de talento. Antes de empreender a redefinição (pressupor o conceito do novo modelo e estratégia), é preciso analisar esta opção e estudar minuciosamente suas implicações.

O Despertar para a Redefinição do Core

Um dia acordamos e descobrimos que nosso core business estará em grande desvantagem no futuro devido a mudanças na tecnologia, necessidades dos clientes ou novas forças competitivas. Além disso, verificamos que essas mudanças estão ocorrendo com tal rapidez que o simples reposicionamento do core por meio de mudanças para negócios adjacentes ou aquisição limitada é uma proposta muito lenta. Perguntamo-nos então qual é o melhor caminho: começar a remodelar ou redefinir o core rapidamente enquanto ainda há lucros na empresa em sua forma original?

Primeiro, identifiquemos em qual das três situações básicas a empresa se encontra, como mostrado na Figura 4.2. A primeira é a situação na qual o core business, atendendo conjunto core de clientes conhecidos, vê-se diante de modelo de negócio radicalmente melhor para atender as necessidades de seus clientes core atuais. Há inúmeros exemplos desses "ataques frontais" ao core de empresas. Um deles é o aparecimento da Staples, com modelo de custo para oferecer produtos de escritório 15% mais baratos do que outras empresas tradicionais do setor. A ascensão da Dell Computer,

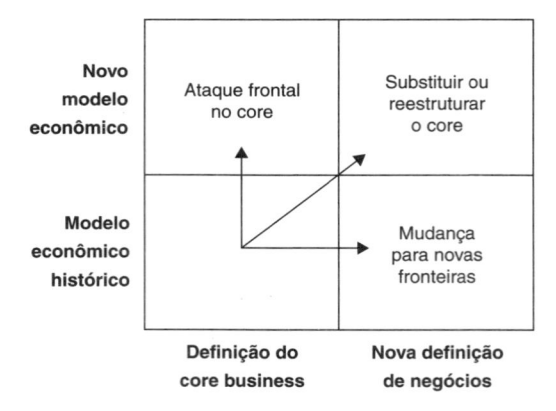

4-2 Empresas Precisam Redefinir seu Core

com a superioridade de seu modelo direto em relação aos fornecedores convencionais na década de 1990 foi outro. Um terceiro exemplo é o uso, pela Hewlett-Packard, de impressão distribuída de baixo custo de documentos digitais, eliminando a xerografia. E há ainda o surgimento da Charles Schwab utilizando a negociação on-line para desestabilizar concorrentes ao negociar a preço muito menor do que o da transação convencional. O ataque do Google no negócio de buscas empregando uma tecnologia superior é outro exemplo. O surgimento das empresas aéreas de baixo custo é um exemplo de ataque frontal: elas criam o caos nas reservas e tarifas das empresas tradicionais.

A segunda situação é aquela na qual a estrutura e fronteiras originais do core business estão mudando de forma complicada. Um exemplo de mudança de fronteiras é encontrado no negócio de jornais. Antigamente, o jornal local (como o *Rocky Mountain News*, o jornal mais antigo de Denver, fundado em 1859 e que fechou as portas em 2009) concorria quase plenamente com seu rival do outro lado da cidade. Hoje o jogo mudou. A informação é distribuída na Internet e entregue instantaneamente a um custo reduzido em praticamente qualquer lugar. Um levantamento recente realizado pelas pessoas mais jovens da Bain & Company mostrou que na maioria das localidades, praticamente ninguém recorria primeiro aos jornais para obter muitas das categorias de informação (manchetes, resultados de jogos, programação de cinema, tempo, cotação de ações, anúncios classificados e assim por diante) que eram a essência do jornal. Os concorrentes hoje variam entre os sites de comunidades locais, o Yahoo.com, ESPN,

CNN.com, e, cada vez mais, o Google. O usuário do Kindle pode fazer o download de uma infinidade de jornais internacionais, tornando a concorrência entre os jornais locais ainda mais global. As fronteiras outrora tradicionais e bastante simples hoje são difusas e dominadas pela proliferação de novos concorrentes. Situações complexas e confusas como essa são difíceis de serem enfrentadas, já que os novos concorrentes são menos conhecidos e o caminho à frente geralmente não está claro e é embaralhado por uma infinidade de escolhas nada óbvias.

A terceira situação é aquela na qual a turbulência anularia a necessidade do core, enfraquecendo-o com o tempo. Por exemplo, locadoras de vídeos, a longo prazo, enfrentam a ameaça da entrega eletrônica de filmes sob encomenda. Nos últimos dois anos, as principais cadeias de locadoras foram encolhendo, e uma delas entrou, e depois saiu, em processo de falência. A líder, Blockbuster, tem uma base financeira cada vez mais frágil.

Os métodos para redefinição básica do core business variam muito e estão crescendo o tempo todo à medida que a comunidade empresarial experimenta novas maneiras de realizar o que era antes uma iniciativa raramente necessária. Abordagens bem-sucedidas incluem a reestruturação por meio da redução de ativos, aquisição ou fusão, bem como métodos mais orgânicos mostrados na Figura 4.3, que variam desde a mudança interna de processos core até a cisão de novo core, gerando outra empresa com investidores externos profissionais. A Figura 4.4 resume as escolhas entre integração e separação.

Estamos envolvidos com inúmeros clientes lutando com essas escolhas, e vimos situações nas quais cada qual foi julgado como estando no caminho certo ou errado para a redefinição, segundo suas ameaças competitivas e pressões de tempo específicas.

Situação 1: Ataque Frontal ao Modelo de Negócio Core

As considerações básicas na mobilização contra um ataque direto no seu core, promovido por um modelo de negócio "recém-criado" são velocidade de reação, como você escolhe lidar com a canibalização do core original (talvez bastante lucrativo), e a relação entre o core business original e o modelo para o futuro. Não há resposta única e perfeita para todos os casos. Por exemplo, um estudo específico voltado para o setor de telecomunicações, fotônica e segmentos de hardware para computadores verificou que

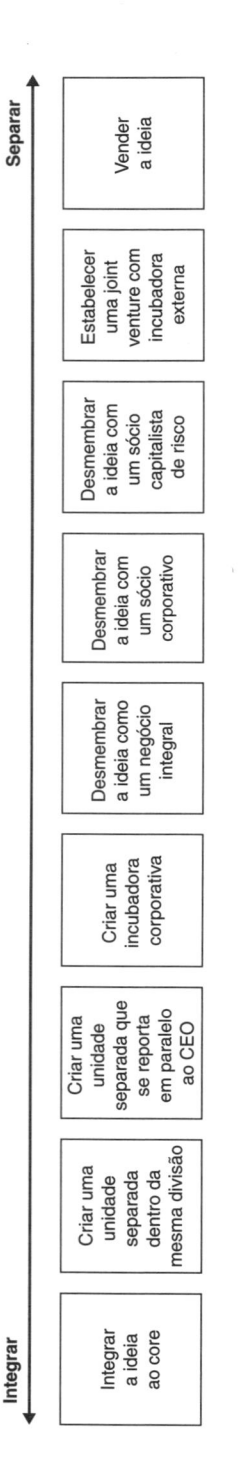

Integrar ← → **Separar**

| Integrar a ideia ao core | Criar uma unidade separada dentro da mesma divisão | Criar uma unidade separada que se reporta em paralelo ao CEO | Criar uma incubadora corporativa | Desmembrar a ideia como um negócio integral | Desmembrar a ideia com um sócio corporativo | Desmembrar a ideia com um sócio capitalista de risco | Estabelecer uma joint venture com incubadora externa | Vender a ideia |

4.3 Métodos de Redefinição do Core se Encontram ao Longo de um Espectro

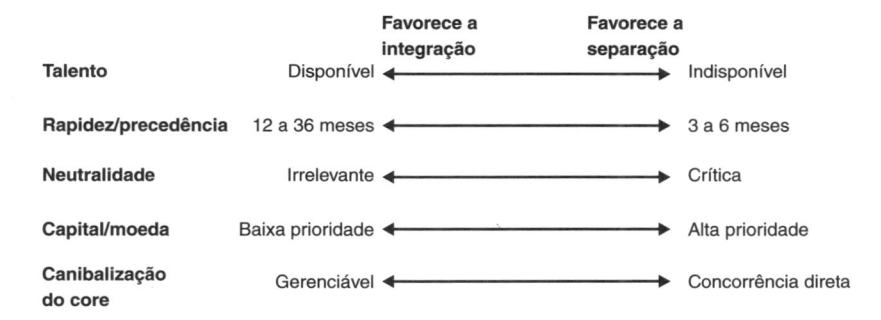

4.4 A Redefinição do Core Envolve Escolhas

a disposição para estabelecer estruturas que canibalizam o core business de forma ordenada foi o diferencial entre empresas que sobreviveram, com êxito, à turbulência e aquelas que pereceram.[8]

Redefinições que mudam o processo core altamente estratégico e requerem integração no core business quase sempre alcançam maior êxito quando realizadas internamente. Um exemplo seria a iniciativa da Kodak para mudar para recursos de processamento digital em seus laboratórios, com variedade de novos serviços na Internet para processamento de imagens digitais. Outro exemplo é o ING Direct, a primeira e mais bem-sucedida implementação de um banco on-line. O empreendimento foi originalmente concebido como um negócio separado do core bancário do ING, com um conselho consultivo e tesouraria independente, e um plano para administrar a canibalização. Porém, conforme o ING Direct se desenvolvia, ele integrou-se cada vez mais ao banco core, e em algumas localidades está definindo a natureza de filiais novas mais automatizadas – um híbrido entre varejo on-line puro e varejo tradicional.

Quando a nova atividade é fortemente relacionada ao core, mas sem substituir a empresa original, a melhor decisão está em escolhas táticas inerentes às respostas ao seguinte:

- A nova atividade possui maior capacidade de atrair o talento necessário como entidade integrada ou unidade autônoma?
- O novo modelo de negócio receberia alta valorização do mercado de ações, e essa moeda é necessária para comprar talentos e investir na empresa?
- Separar a nova atividade da antiga fomentaria a concorrência necessária para definir fronteiras de clientes onde um modelo é superior ao outro?

Segundo suas respostas a essa perguntas, a Staples.com, a versão virtual da surperloja de materiais de escritório Staples, decidiu se projetar e lançar a si mesma como empresa separada na Internet. A Staples é uma das maiores histórias de sucesso empresarial da década passada, atualmente é líder de mercado na venda de materiais de escritório e foi a empresa mais rápida a atingir US$10 bilhões em vendas. Para dominar esse território antes de outros concorrentes on-line que começavam a surgir, a Staples criou a Staples.com como empresa separada situada próxima à matriz. A start-up tinha cerca de 100 funcionários e sua meta era vender, via Internet, uma versão mais ampla da linha de produtos Staples, com entregas feitas pelo sistema de distribuição central da Staples. A Staples.com seria lançada ao público como ação emitida em separado cujo valor fora definido em rodada inicial de investimento em troca de 5% da empresa a vários investidores. O fundador Tom Stemberg e a equipe administrativa da Staples acreditavam que esta abordagem atrairia talentos e desenvolveria uma cultura separada de Internet, fazendo com que a empresa decolasse logo.

A equipe administrativa da Staples tomou várias medidas adicionais para equilibrar o core com a necessidade de independência. Primeiro, estabeleceu preços de transferência para produtos e serviços corporativos de acordo com os custos para lojas do varejo e canais atacadistas. Segundo, distribuiu opções de compra de ações não apenas aos funcionários da start-up, mas àqueles na matriz e nas lojas do varejo. Finalmente, incentivou a concorrência para toda a base de clientes, descobrindo que as melhores contas são aquelas que compram por meio de todos os canais e modalidades.

Situação 2: O Desvio de Recursos para a Nova Definição do Negócio

Às vezes redefinir o core engloba mudanças nas fronteiras que definem a empresa, exigindo a definição de nova organização que utiliza qualificações e ativos do core, mas não prevê sua canibalização total. Há três tipos de mudanças de fronteiras: (1) o desenvolvimento de novos intermediários, como leilões e trocas on-line, possibilitados pela tecnologia da informação; (2) a separação da cadeia tradicional de valores em suas atividades componentes (a onda de terceirização da década passada e o surgimento de grandes empresas indianas como a Infosys comprovam o poder dessa forma de redefinição); e (3) a ampliação rápida e radical de ofertas de serviços e produtos ao cliente proporcionada por nova tecnologia (um exemplo é a sequência de anúncios de lançamentos de produtos feitos pela Apple sobre o iTunes e os novos conteúdos, iPod em novos modelos e o iPhone com seus novos aplicativos).

Novas empresas que dependem muito do core, mas não o canibalizarão totalmente, quase sempre conseguem mais êxito se forem configuradas em unidades separadas. Se elas devem ficar fora da estrutura empresarial e com participação externa é basicamente função de três considerações:

1. Os talentos certos podem ser atraídos internamente e a existência ou perspectiva de oferta pública inicial é necessária para atraí-lo?
2. A separação é exigida por motivos estratégicos, que geralmente se originam da necessidade de neutralidade ou de evitar a criação de conflito com clientes no core business (por exemplo, concorrer com clientes ou com o canal)?
3. A separação seria fonte de financiamento público, devido às altas avaliações, para realizar investimentos ou aquisições estratégicas essenciais?

Situação 3: Redefinição Estrutural do Core

O economista Joseph Schumpeter, ao escrever durante os anos 1940, disse que a capacidade de gerar lucros de qualquer empresa industrial diminui com o tempo. Ampliaríamos essa observação para dizer que hoje qualquer core business que não muda radicalmente de tempos em tempos está propenso a ver sua capacidade de gerar lucros e sua posição competitiva diminuírem.

Às vezes redefinir o core requer o reposicionamento rápido e maciço de recursos da atividade histórica para um negócio adjacente promissor. Anteriormente, observamos que apenas cerca de 3% de nossas empresas criadoras de valor sustentável eram "criadoras de valor que haviam sido reduzidas". Várias delas empreenderam grandes mudanças estruturais para vender e substituir seu core business original, reconstruindo a empresa em torno de um core novo. A Perkin-Elmer Instruments oferece um exemplo de redefinição dramática do core business em toda a empresa, desde instrumentos analíticos laboratoriais básicos a instrumentos que analisam a sequência genética para biotecnologia.

Quando Tony White assumiu a Perkin-Elmer Corporation em 1995, a empresa foi avaliada em US$1,5 bilhão e consistia basicamente em vários instrumentos analíticos concentrados em nichos agrupados no portfólio desde sua fundação em 1932 por Richard Perkin e Charles Elmer. O negócio original, desenvolvido em instrumentação ótica, acabou estendendo-se de visores de bombardeio para dispositivos de reconhecimento de satélites. A coleção de core businesses não relacionados fez com que alguns investidores sugerissem que a empresa liquidasse suas linhas de produtos uma a uma para quem pagasse mais.

No conjunto de empresas da Perkin-Elmer, White notou uma de pequeno tamanho que vendia instrumentos capazes de realizar sequenciamento e mapeamento genéticos em alta velocidade e era o líder aparente em seu nicho pequeno, mas promissor. Durante os anos seguintes, a equipe da Perkin-Elmer simplificou os core businesses originais para vendê-los à EG&G, provedora de serviços técnicos e gerenciais para órgãos governamentais, e canalizou seus investimentos para a empresa de sequenciamento genético, apanhando uma onda de pesquisa que levou as receitas de biossistemas de US$320 milhões para US$1,2 bilhão em três anos. White então dividiu a empresa em PE Biosystems, fabricante de equipamentos, e Celera Genomics, empresa de sequenciamento que compra e opera os equipamentos específicos.

Em 2006, a PE Biosystems (então chamada Applied Biosystems ou ABS) e a Celera valiam mais de US$6 bilhões em valor total de mercado, um número muitas vezes maior do que a Perkin-Elmer original que White herdara. Contudo, esse não fora o fim da transformação. Em novembro de 2008, a Applied Biosystems se uniu à Invitrogen em uma transação avaliada em US$6,7 bilhões. O resultado foi a Life Tecnhologies, a maior empresa "pure play" em ordem de magnitude na área de genômica e detecção genética, desfrutando de liderança de mercado tanto em equipamentos de análise de sequenciamento quanto nos bens consumíveis necessários para a análise genética.

A genialidade da equipe de gestores da ABS foi o reconhecimento do potencial da empresa de mapeamento genético e o brilhante reposicionamento e implementação de estratégia complexa para alterar o centro de gravidade de toda a empresa. Ao iniciar com uma pérola escondida em seu portfólio, eles tiraram vantagem do mercado para equipamentos biotecnológicos, que sofria rápidas transformações, e da notável linha de produtos escondida em seu core business.

Às vezes a redefinição por mudança estrutural demora mais, envolvendo uma sequência muito mais extensa de vendas e aquisições de recursos. Tal estratégia apresenta alto grau de dificuldade – e alto índice de fracasso. Porém, há alguns exemplos surpreendentes de sucesso, poucos melhores do que a Nokia.

A Nokia começou em 1865 como fábrica de papel e celulose no rio Nokia, na Finlândia. Durante os 130 anos que se seguiram, a empresa reuniu várias empresas industriais regionais, criando um pequeno conglomerado com atividades englobando papel, eletrônica e borracha. Na verdade, botas de borracha na Finlândia ainda são chamadas de *nokia*. A transformação da Nokia veio da combinação inseparável de oportunismo, decisões inteligentes e sorte. Em 1982, a liderança da empresa decidiu trabalhar com o setor de telecomunicações finlandês para implantar o primeiro sistema nacional de telefonia móvel usando padrão GSM. A primeira ligação telefônica wireless foi feita nesse sistema GSM pelo Primeiro Ministro finlandês, em 1991.

Desde então, a liderança da Nokia, principalmente seu novo CEO Jorma Ollila, viu a confluência da tecnologia wireless e informações digitais como o ponto de partida para buscar opções para a empresa. Durante os anos que se seguiram, Ollila investiu bastante em fábricas para produção de aparelhos telefônicos e aquisições para sustentar a nova estratégia de telecomunicações. A Nokia financiou esses investimentos alienando muitas de suas outras empresas em borracha, cabo, TV e energia. A história do telefone celular ainda está se desenrolando tecnológica e competitivamente, mas fomentou o crescimento da Nokia de apenas US$2 bilhões em receitas em 1993 para US$66 bilhões em 2008, com margens que aumentaram regularmente. Do nada, a Nokia conquistou 37% do mercado mundial de telefones celulares, tornando-se líder absoluta. De fato, a empresa teve sorte em vários aspectos: por exemplo, investiu em uma empresa celular start-up no momento certo, e o GSM era forte padrão europeu, o oposto dos sistemas divididos dos Estados Unidos. No entanto, a Nokia continua sendo uma história notável do uso de aquisições para se transformar ou, melhor dizendo, substituir o core original.

Outras empresas, como a Monsanto e a Cisco, também utilizaram a compra e venda para criar o core forte. Mas muitas outras, como a Xerox, Sears, General Motors, Westinghouse, Zenith e Olivetti, fracassaram. O processo é demorado – e quem sabe se dará certo? Em todos esses casos, a transformação do core resultou em novas empresas com novo core business altamente focado, buscando a liderança no mercado com novas fronteiras e definições. Redefinições estruturais do core não são opções que sempre, ou quase sempre, fazem sentido. Elas requerem a confluência de vários pré-requisitos: o core ideal para se migrar, um ambiente de crescimento de mercado no qual os investidores recompensam jogadas que antecipam cenários turbulentos, uma equipe administrativa com visão clara do futuro, e, acima de tudo, a capacidade da equipe de colocar em prática a estratégia complexa.

Conclusão

A turbulência setorial está ocorrendo com mais rapidez e força do que nunca. Todos os dados que calculamos e encontramos em fontes externas sustentam o fato de que o tempo para tomada de decisões está diminuindo, a incerteza aumentando e a variedade de opções estratégicas básicas também. Muitas das mudanças enfrentadas por executivos exigem revisão, completa ou parcial, dos princípios básicos do core business. Em alguns casos, as ações necessárias exigem a redefinição rápida de parte do core, como fizeram os líderes da Marvel, ou a mudança de recursos para outro core totalmente novo, como ocorreu na Perkin-Elmer. Tentamos identificar o maior número possível de casos bem-sucedidos de empresas que redefiniram seu core business, mas encontramos muito mais casos de fracasso. A redefinição é difícil: a maioria dos gestores nunca a empreendeu antes, e ela envolve altos riscos.

Os casos de sucesso mencionados sugerem alguns alertas:

1. Não redefina o core sem ter uma visão clara e um conjunto de princípios estratégicos com os quais a equipe de gestão concorde.
2. Não redefina o core sem primeiro estabelecer um ponto de vista comum sobre como a turbulência pode se desenrolar, e qual posicionamento no mercado proporciona maior vantagem competitiva.
3. Explore todas as opções estruturais para equilibrar a necessidade de integração com o core original e a necessidade de agilidade, que pode ser mais facilmente obtida com uma empresa separada.

4. Invista bastante em processos e recursos gerenciais no início do programa de redefinição.
5. Reconheça a incerteza inerente que desencadeou a necessidade de redefinição do core business, que pode exigir estratégias de hedge e diagnósticos para voltar sempre ao "painel de controle estratégico" e fazer correções no curso.

A maioria dos gestores tem que apresentar lucros trimestrais, proteger fluxos de caixas do core business, tem funcionários no core original que exigem tratamento justo, membros da equipe administrativa com pontos de vista diferentes sobre o futuro, suas próprias dúvidas quanto ao sucesso da redefinição e preocupações sobre a complexidade da execução. O baixo índice de sucesso de redefinição até hoje, em nossa experiência, é raramente devido à falta de habilidade da gestão, é inerente à complexidade da tarefa. Mesmo a tentativa de redefinir princípios empresariais em um mundo onde todos os sistemas agem para proteger e manter o *status quo* exige liderança extraordinária. É aqui que vemos, de forma mais gritante, nosso terceiro paradoxo do crescimento: são as equipes gerenciais, para as quais o custo da não ação é maior, que muitas vezes têm mais dificuldade em tomar o caminho de redefinição do core. Os verdadeiros heróis da economia da Internet são aqueles gestores que assumem com sucesso os desafios da mudança de longo prazo em face das imensas pressões de curto prazo para se agarrarem ao *status quo* por mais um trimestre.

5

Crescimento a Partir do Core Business

A pesquisa por trás deste livro sobre como as empresas crescem mostra a dificuldade de se desenvolver, manter e, acima de tudo, transformar um core business forte em um período maior que alguns poucos anos. Algumas das pessoas que contribuíram para as ideias neste livro estão entre as mais talentosas e dedicadas que conhecemos. Formaram equipes extraordinárias, mas todos enfrentaram declínios econômicos nos ciclos de crescimento de suas empresas. Da mesma forma, também os grandes pilotos enfrentam turbulência e os maiores treinadores já perderam várias temporadas. É com esta perspectiva que encaramos nosso empenho neste livro. Não sugerimos uma fórmula para o sucesso – porque ela não existe – mas oferecemos alguns princípios estratégicos e ferramentas para autodiagnóstico como referências mesmo aos melhores gestores de core businesses fortíssimos que precisam reconsiderar ou reformular suas estratégias. Acreditamos que os princípios descritos aqui são capazes de aprimorar as chances de sucesso, mas que nenhum conjunto único de ideias pode garanti-lo.

A pesquisa para este livro foi desenvolvida ao longo de vários anos, abrangendo tanto o crescimento do investimento em fundos de private equity quanto o nascimento e os primeiros retornos da economia na Internet, e uma das recessões mais profundas que o mundo já vivenciou. Sob todas essas condições, perguntamo-nos repetidas vezes se a nova estrutura de empresas líderes e seguidoras pode conter lições capazes de alterar a essência de nossa tese. Nossa conclusão: embora estejamos testemunhando uma mudança fundamental no modo corno o capital flui, o modo corno avaliações são feitas e como os negócios são gerenciados, nossos temas centrais permanecem firmes:

- Muito poucas empresas atingem crescimento lucrativo e sustentável, embora todas tentem fazê-lo.
- Desenvolver um core business forte, não importa o quão pequeno ou focado, é a chave para o crescimento subsequente. Muitas empresas que negligenciam este princípio acabam, cedo ou tarde, retomando ao core. Na verdade, às vezes a estratégia correta é até mesmo "encolher para crescer," retornando ao core do core.
- A maior parte das equipes de gestão subestima o potencial de crescimento de seu core e não consegue extrair todo o crescimento possível do seu potencial oculto de crescimento. Na verdade, os melhores core businesses são quase sempre os que apresentam pior desempenho em relação ao seu verdadeiro potencial – um fenômeno que chamamos *paradoxo da liderança*.
- A maioria das empresas de sucesso atinge grande parte de seu crescimento em negócios adjacentes lógicos que compartilham os *economics* e reforçam o core business, e não por meio de diversificações não relacionadas ou mudanças para mercados "da moda".
- O melhor caminho para o crescimento sustentável e lucrativo é a expansão em uma série de negócios adjacentes lógicos aplicando-se uma fórmula repetível, desenvolvida a partir dos elementos mais diferenciadores do core forte.
- Muitos dos erros mais graves em estratégia se originam da falta de consciência sobre o core, e não de eventos externos ou manobras competitivas.
- A turbulência setorial quase sempre exige que o líder redefina o core business de sua empresa no momento em que parece estar no auge de sua força. Essa "crise do core" é um dos problemas mais difíceis dos negócios; pouquíssimas empresas conseguem vencê--lo com sucesso.
- Embora pareça simples, crescer é difícil porque a maioria das organizações protege o *status quo*, e o crescimento exige mudanças.

Estes princípios não são nenhuma novidade, mas é chocante perceber a frequência com que são violados e a frequência com que dificultam a visão das questões mais importantes de estratégia de crescimento.

Embora os princípios não tenham mudado, suas implicações específicas para ações em alguns segmentos da economia mudaram. Em nosso livro, descrevemos adaptações contemporâneas desses princípios, alguns dos quais só agora estão surgindo ou sendo questionados. Um exemplo é a discussão de quando separar em empresas diferentes ou integrar na mesma organização um modelo de negócio novo e possivelmente competitivo.

O Gatilho para a Mudança do Foco

Qual é o momento adequado para desviar recursos financeiros e administrativos do core business para negócios adjacentes? Ainda mais difícil: Quais são os sinais de alerta que indicam a necessidade de mudar determinado elemento básico no core business? O dilema constante entre explorar o core e se aventurar em algo novo existe em toda empresa. A maneira com que a equipe administrativa lida com ela é o determinante-chave das perspectivas de crescimento futuro, lucrativo e sustentável.

A Figura 5-1 se baseia em nossos dados de mais de cinco mil empresas usadas neste livro para estudar a incidência de crescimento lucrativo no mundo todo. A figura mostra o retorno total aos acionistas em 10 anos

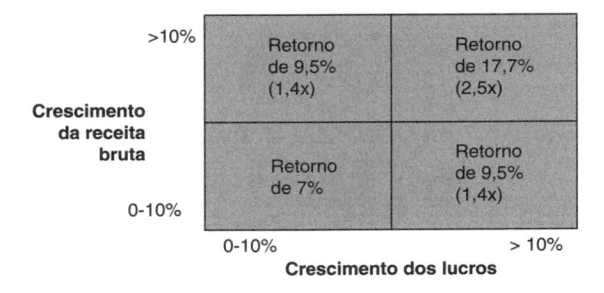

5.1 Empresas Criadoras de Valor Sustentável Atingem Retornos Máximos

Fonte: Banco de dados Worldscope; análise da Bain de 2009.

Observação: Todos os índices de crescimento são reais. Número de empresas = 853. O retorno anual total aos acionistas é calculado como o retorno anual composto total aos acionistas durante o período de 10 anos entre 1997 e 2007.

para inúmeras combinações de aumento de lucros e de receita bruta. Obviamente, empresas que não aumentam lucros ou receitas acima de 10% conseguem retornos modestos, 7% em média. Aquelas que crescem acima de 10% em lucros e receitas se beneficiam do efeito multiplicador, proporcionando retornos de 17,7% aos acionistas em período de 10 anos.

Porém o mais interessante, do ponto de vista de nossa discussão do dilema entre o enfoque no core e o crescimento em negócios adjacentes, são as empresas representadas nas duas outras células da figura. Empresas com lucros crescendo a taxas superiores a 10%, mas com crescimento das receitas abaixo desse percentual, geralmente expandem sua margem prospectando o seu core em busca de reduções de custo. Essas empresas recebem recompensas relativamente baixas do mercado de ações, apenas 2,5 pontos percentuais acima de empresas que não aumentam lucros nem receitas acima de 10%. Na verdade, o registro durante 10 anos de 10% ou mais de aumento de lucros em empresas com baixo crescimento de receitas resulta em retornos para acionistas de apenas 9,5% em média. Este é o desafio que muitos core businesses grandes enfrentam na definição de orçamentos e metas de lucros; é muito mais fácil explorar o core ano após ano por mais 12 meses. No entanto, em determinado momento, o potencial de crescimento das margens acaba. E aí?

Finalmente, consideremos as empresas que crescem em negócios adjacentes de maneira agressiva – às vezes até demais – diluindo a qualidade de suas receitas e criando empresas maiores, porém menos rentáveis. Estas empresas aumentaram suas receitas durante 10 anos em mais de 10%, mas conseguiram crescer seus lucros menos que 10%, vendo a diminuição constante de suas margens devido ao seu movimento em novos negócios onde tinham menos conhecimento e que ofereciam menor rentabilidade. Literalmente, milhares de empresas seguem esse padrão. Relatamos neste livro as histórias de algumas, como Anheuser-Busch, Mattell, Citibank, Vivendi, Bausch & Lomb e Saatchi & Saatchi. Uma abordagem de crescimento desequilibrada resulta em avaliações baixas e no ceticismo dos investidores quanto ao futuro.

Nosso estudo de crescimento durante vários anos nos leva a algumas perguntas úteis para os gestores refletirem sobre suas próprias estratégias:

- Em que ponto está nosso negócio atual em seu ciclo de crescimento (otimização do core, expansão para negócios adjacentes lógicos, redefinição do core business)? Verificamos que muitos gestores não têm certeza.

- Quantos de nossos recursos estão voltados para áreas com potencial de desenvolver influência e poder de mercado, e influenciar e alavancar os *economics* de liderança no core? Quantos estão voltados para a posição inevitável de empresa seguidora?
- Qual é realmente o potencial total do meu core, e onde esse potencial reside?
  - ganhos de share no core
  - mudança no mix de negócios para canais e segmentos em crescimento
  - política de preços
  - novos produtos core
  - redução de custos
  - novos clientes ou ganhos de share em clientes existentes
  - negócios adjacentes envolvendo novos clientes ou produtos
- Existe uma fórmula repetível alavancando meu ganho de participação ou sucesso em uma expansão em negócio adjacente? Que fórmula é essa? Eu aproveitei por completo o poder da repetibilidade?
- Qual é, em termos realistas, a "situação do core"? Onde ele está ameaçado? Onde ele está erodindo? Onde ele está se fortalecendo? Como o core precisa mudar no futuro? Como eu farei isso?
- Os concorrentes não convencionais estão fazendo incursões nas fronteiras de nosso negócio? Isso sinaliza a necessidade de adaptar o core mais rapidamente? Como?

Armados com esses dados, ideias e exemplos iguais aos encontrados neste livro, os gestores precisam manter vigilância constante para localizarem os três padrões mais perigosos de longo prazo que identificamos. O primeiro é o abandono prematuro do core em favor de novos negócios adjacentes pouco conectados ao core. Sinais de erosão no core ou dispersão entre muitas iniciativas revelarão este problema. O segundo é a exploração exaustiva do core business, não conseguindo viabilizar novos veículos de crescimento com a rapidez necessária. Se o aumento de lucros vem com maior frequência de iniciativas operacionais baseadas no custo do que do próprio core, há perigo. O terceiro padrão é não conseguir prever a necessidade de redefinição do core. Quando concorrentes com novos modelos de negócio estiverem se apossando de nossos clientes, é porque esperamos demais para reagir.

É um Problema Organizacional ou Estratégico?

A questão-chave para executivos da alta gerência frente a questões relevantes de crescimento é determinar se a estratégia da empresa está errada ou se a organização não é capaz de empreendê-la. Às vezes esses problemas podem coexistir e são difíceis de separar. Por definição, uma estratégia desenvolvida para a organização que não consegue colocá-la em prática não é adequada. Por outro lado, uma organização excelente consegue moldar e adaptar até mesmo a estratégia mais medíocre, transformando-a em vencedora.

Em mercados de grande crescimento, o problema mais comum entre empresas e estratégias é a falta de capacidade administrativa para crescimento e tomada de decisão ágil aliadas à falta de direção central, permitindo que muitas iniciativas de crescimento, marginais e não focadas, esgotem os recursos. Jim Vincent, ex-CEO da Biogen, uma história de sucesso clássica de lucro gerado a partir do core, afirma convictamente em suas entrevistas que, em sua opinião, o problema de capacitação é a principal limitação que o CEO enfrenta ao crescimento. A solução envolve maior concentração em torno da estratégia e, quase sempre, introdução de competências gerenciais para lidar com a empresa maior, mais rápida e complexa. A história da gestão no setor de informática e as start-ups da Internet mostra exaustivamente este padrão.

Em mercados de menor crescimento, o problema mais comum é a exploração excessiva do core aliada ao fracasso em enxergar as novas possibilidades e cenários nascentes. Quase sempre uma excelente equipe administrativa realiza o trabalho grandioso de desenvolver e cuidar do core, mas ao longo do processo adquire hábitos e vícios que dificultam enxergar as necessidades de comprometer recursos importantes para a mudança estratégica. A solução quase sempre requer a injeção de novos talentos administrativos combinada ao redirecionamento estratégico.

Dez Perguntas-chave para a Gestão

Encerramos com dez perguntas que, segundo nosso ponto de vista, as equipes de gestão deveriam analisar, periodicamente, a respeito de suas empresas e incluir no início de cada análise de sua estratégia básica de crescimento. Certamente, as empresas podem se encontrar em infinitas situações estratégicas diferentes. No entanto, acreditamos que essas perguntas têm aplicação ampla para inúmeras empresas, desde aquelas de produtos dominantes tentando decidir como lidar com a Internet, as de distribuição lutando com a súbita separação de sua cadeia de valores, até aquelas empresas on-line tentando enxergar além do sonho atual da "prosperidade sem lucros", na direção do crescimento sustentável e lucrativo.

1. Qual é o core lucrativo mais rigidamente definido de nossa empresa? Ele está ganhando ou perdendo força?
2. O que define as fronteiras da atividade pela qual estamos competindo, e onde mudarão no futuro?
3. Há novos concorrentes nas fronteiras de nossa empresa que representam ameaças potenciais ao core no longo prazo?
4. Temos certeza de estarmos atingindo o potencial operacional e estratégico total de nosso core business, seu "valor oculto"?
5. Qual é o conjunto completo de negócios adjacentes potenciais para nosso core business e possíveis investidas adjacentes (mudanças múltiplas ou única)? Estamos considerando-as em sequência lógica e planejada ou isoladamente?
6. Qual é nosso ponto de vista sobre o futuro do setor? Temos consenso como equipe? Como esse ponto de vista está moldando nossa estratégia de negócios adjacentes e ponto de chegada?
7. Deveríamos buscar, internamente, iniciativas de crescimento novas e importantes, próximas ao, ou fora do, core? Como decidir?
8. A turbulência setorial está mudando a fonte básica de vantagem competitiva futura? Como? Por meio de novos modelos? Novos segmentos? Novos concorrentes? Estamos monitorando a situação com regularidade?
9. Os facilitadores e inibidores organizacionais do crescimento estão equilibrados para a mudança necessária?
10. Quais são os princípios estratégicos básicos que devem se aplicar sempre às nossas decisões operacionais e estratégicas mais importantes?

Embora analogias militares à estratégia geralmente não sejam bem vistas, continuamos perplexos pela relevância contemporânea desta observação do livro *A arte da guerra*, de Sun-Tzu: "Quanto mais oportunidades aproveito, mais se multiplicam diante de mim."[1] Este fenômeno é o âmago da estratégia de crescimento e incorpora o dilema básico entre proteger o core e crescer em um número cada vez maior de negócios adjacentes, impulsionado pelo sucesso crescente. Sempre nos lembraremos do problema de Alexandre, o Grande, descrito anteriormente. No entanto, esperamos que os princípios básicos e as lições aprendidas com o sucesso e fracasso possam ajudar a aumentar as chances para gestores batalhando no mundo cada vez mais incerto, com mais opções, menos tempo, maiores recompensas e punições, e mais complexo do que nunca.

Notas

Prefácio

1. Chris Zook. *Ativos ocultos: como tornar sua empresa imbatível* (Rio de Janeiro: Campus/Elsevier, 2007).

Capítulo 1: A Busca Ansiosa pelo Crescimento

1. Mary Stuart. "A White Knight for Bausch & Lomb". *In Vivo*, junho de 2007.
2. Thomas A. Stewart e Julia Kirby. "The Institutional Yes: An Interview with Jeff Bezos". *Harvard Business Review*, outubro de 2008.
3. Charles Goldsmith. "A Dying Lens Maker Zooms Back". *Wall Street Journal*, 23 de março de 2000.
4. John Micklethwait e Adrian Wooldridge. "Oxford Dons vs. Management Gurus". *Wall Street Journal*, 8 de novembro de 1996.
5. De certa forma, nossa definição é a versão de longo prazo das definições utilizadas por G. Bennett Stewart III em *The Quest for Value*, que se originam dos retornos econômicos em relação ao custo de capital a longo prazo.
6. Bernard Wysocki, Jr. "Corporate America Confronts the Meaning of a 'Core' Business". *Wall Street Journal*, 9 de novembro de 1999.
7. Clayton M. Christensen. *The Innovator's Dilemma: When New Technologies Cause Great Firms to Fail* (Boston: Harvard Business School Press, 1997).

8. Carl Shapiro e Hal R. Varian. *Information Rules: A Strategic Guide to the Network Economy* (Boston: Harvard Business School Press, 1999).

Capítulo 2: O Core Lucrativo

1. Thomas J. Peters e Robert H. Waterman. *Vencendo a crise: Como o bom senso empresarial pode superá-la* (São Paulo: Harper & Row do Brasil, 1983); C.K. Prahalad e Gary Hamel, "Core Competence of the Corporation". *Harvard Business Review*, maio-junho de 1990; James C. Collins e Jerry I. Porras. *Feitas para durar* (Rio de Janeiro: Rocco, 2000).
2. Mitt Romney em entrevista a Chris Zook, Boston, 12 de junho de 1998.
3. David Sadtler, Andrew Campbell e Richard Koch. *Break Up!* (Oxford: Capstone Publishing, 1997), 33.
4. Andrew Bary. "Why Catch a Knife?". *Barron's*, 6 de outubro de 1997, 17.
5. Steven Lipin e Nikhil Deogun. "Pepsi Announces Spinoff of Eateries, and Stock Soars". *Wall Street Journal*, 24 de janeiro de 1997.
6. Ibid.
7. Ibid.
8. Constantinos C. Markides. *Diversification, Refocusing, and Economic Performance* (Cambridge: MIT Press, 1995), 9.
9. Michael E. Porter. "From Competitive Advantage to Corporate Strategy". *Harvard Business Review*, maio-junho de 1987.
10. Michael C. Mankins, David Harding e Rolf-Magnus Weddigen. "How the Best Divest". *Harvard Business Review*, outubro de 2008.
11. David Harding e Sam Rovit com Katie Smith Milway e Catherine Lemire. *Garantindo o sucesso em fusões e aquisições* (Rio de Janeiro: Campus/Elsevier, 2004)
12. Michael Dell em entrevista a Chris Zook, na matriz da Dell em Austin, Texas, 26 de março de 1999. Ver também Michael Dell com Catherine Fredman, *Direct from Dell: Strategies that revolutionized an industry* (Nova York: HarperBusiness, 1999).
13. Philip Evans e Thomas S. Wurster. *Blown to Bits: How the New Economics of Information Transforms Strategy* (Boston: Harvard Business School Press, 1999) e "Getting Real About Virtual Commerce". *Harvard Business Review*, novembro-dezembro de 1999. Sem dúvida a análise mais original e bem integrada sobre este tópico é de Carl Shapiro e Hal R. Varian, *Information Rules: A Strategic Guide to the Network Economy* (Boston: Harvard Business School Press, 1999). Para bibliografia adicional sobre os tópicos que mencionam a crescente dificuldade da definição de negócio e desafios administrati-

vos na economia da Internet, ver Joan Magretta (org.) *Managing in the New Economy* (Boston: Harvard Business School Press, 1999).

Até o final dos anos 1970, grande parte da definição de negócio era colocada em termos de produtos e fronteiras tradicionais do mercado. Nos anos 1980, autores e teóricos como Derek Abell começaram a analisar, de modo mais profundo, as fronteiras criadas pela necessidade básica do cliente (por exemplo, transporte *versus* estrada de ferro) e tecnologia como formas potenciais para definir a empresa. A próxima onda (Prahalad e Hamel) apresentou a ideia da competência essencial como fonte de vantagem competitiva máxima em core business e como forma de definir as fronteiras da empresa. Por exemplo, reconhecer a especialidade da ServiceMaster na gestão de grande número de funcionários realizando serviços básicos leva ao melhor entendimento de sua definição de negócio do que analisar apenas serviços de limpeza para empresas.

14. Bain & Company. "The value of online customer loyalty and how you can capture it". Monografia, Bain & Company, Boston, 2000.
15. Frederick F. Reichheld. *A pergunta definitiva: Você nos recomendaria a um amigo?* (Rio de Janeiro: Campus/Elsevier, 2006).
16. Carl Everett em entrevista a Chris Zook em Austin, Texas, 17 de fevereiro de 1999.
17. Paul Larson. "Advanced Micro Devices, Inc.: How Did It Find Trouble?". Acesso em 5 de março de 1999, <www.fool.com> (15 de novembro de 1999).
18. Para melhor explicação deste ponto de vista geral, ver Michael Porter. "What Is Strategy?" *Harvard Business Review,* novembro-dezembro de 1996.

Capítulo 3: O Problema de Alexandre, o Grande

1. Allan Sloan. "80's Deals Showed American Express Could Use a Dose of Street Smarts". *Washington Post,* 16 de março de 1993.
2. Alex Pham. "Microsoft Targets America's Gamers". *Boston Globe,* 11 de março de 2000.
3. David Sheff. "Sony's Plan for World Recreation". *Wired,* novembro de 1999, seção 3.
4. Gretchen Morgenson. "On the Acquisitions Road, Stay Alert to the Hazards". *Sunday New York Times,* 10 de outubro de 1999, seção 3, 1.
5. Ibid.
6. Chris Reidyo. "Gillette Sells lts Stationery Line". *Boston Globe,* 23 de agosto de 2000.
7. James C. Collins e Jerry I. Porras. *Built to Last: Successful Habits of Visionary Companies* (Nova York: HarperBusiness, 1994), 141.

8. Jay McCormack. "Amazing Grace: ServiceMaster Industries, Inc.". *Forbes*, 17 de junho de 1985, 83.

9. Chris Zook. *Ativos ocultos: como tornar sua empresa imbatível* (Rio de Janeiro: Campus/Elsevier, 2007).

10. Ron Grover. *The Disney Touch: Disney, ABC & the Quest for the World's Greatest Media Empire* (Chicago: Irwin Professional Publishing), 3.

11. Bruce Orwall e Matthew Rose. "Disney Held Talks with Conde Nast, Hearst to Sell Fairchild Magazine Unit". *Wall Street Journal*, 16 de agosto de 1999.

12. Phil Buxton. "New Medicine". *Marketing Week*, 26 de outubro de 1999, 28.

13. Sydney Finkesletin e Shade H. Sanford. "Learning from Corporate Mistakes: The Rise and Fall of Iridium". *Organizational Dynamics* 29, n. 2 (2000): 138-148.

14. C. K. Prahalad e Gary Hamel. "Core Competence of the Corporation". *Harvard Business Review*, maio-junho de 1990, 79.

15. Talvez o melhor levantamento sobre este tópico seja o de Carl Shapiro e Hal Varian em *Information Rules: A Strategic Guide to the Network Economy* (Boston: Harvard Business School Press, 1999).

16. Não tratamos desse tópico neste livro; no entanto, ver Martha Amram e Nalin Kulatilaka. *Real Options: Managing Strategic Investment in an Uncertain World* (Boston: Harvard Business School Press, 1999).

17. John Keegan. *The Mask of Command* (Nova York: Viking-Elisabeth Sifton Books, 1987), 83-84.

18. Mitt Romney em entrevista a Chris Zook, Boston, 12 de junho de 1998.

19. Orit Gadiesh e James L. Gilbert. "Profit Pools: A Fresh Look at Strategy". *Harvard Business Review*, maio-junho de 1998, 141.

Capítulo 4: O Dilema da Redefinição

1. Neste livro, utilizamos analogias da biologia. Mais do que em qualquer outra fonte, baseamos nosso entendimento e também este exemplo de Edward O. Wilson. *The Diversity of Life* (Cambridge: Belknap Press of Harvard University Press, 1992).

2. No futuro, empresas de crescimento sustentável serão aquelas capazes de reagir à turbulência atual em seu setor e utilizá-la como catalisador para mudanças. Recente pesquisa na Bain com executivos da alta gerência sugeriu que 91% acreditavam que a turbulência no setor tornava a necessidade de estratégias definidas mais importante do que nunca. Mais de 61% afirmaram que estavam preocupados com a turbulência, e 73% disseram que percebiam em suas organizações uma falsa sensação de segurança. (Darrell Rigby. "Win-

ning in Turbulence". Bain & Company, Boston, 1999.) As empresas cujos core businesses talvez necessitem de redefinição essencial enfrentarão a opção mais difícil de se transformarem internamente ou desenvolverem empresa separada na qual qualificações e ativos do core original estão presentes.

3. Arie de Geus. "The Living Company". *Harvard Business Review*, março-abril de 1997, 23.

4. "How to Live Long and Prosper". *Economist*, 10 de maio de 1997.

5. de Geus. "The Living Company".

6. Há inúmeras obras sobre o registro particularmente insuficiente de resultados provenientes da moda da reengenharia. Ver as seguintes: John P. Kotter. "Leading Change: Why Transformational Efforts Fail". *Harvard Business Review*, março-abril de 1995; Fran Simons. "Transforming Change". *Australian Financial Review*, 26 de março de 1999; Constant D. Beugre. "lmplementing Business Process Reengineering". *Journal of Applied Behavioral Science*, 34, n. 3 (1998); Thomas A. Stewart. "Reenginering: The Hot New Managing Tool". *Fortune*, 23 de agosto de 1993; e Brian Harrison. "How to Fail at Reengineering". *Directors & Boards*, outono de 1994.

7. Gary Jacobson e John Hillkirk. *Xerox:* American *Samurai* (New York: Collier Books, 1986).

8. Rajesh K. Chandy e Gerald J. Tellis. "Organizing for Radical Product Innovation: The Overlooked Role of Willingness to Cannibalize". *Journal of Marketing Research*, novembro de 1998.

Capítulo 5: Crescimento a Partir do Core Business

1. Sun-Tzu. *The Art of War* (London: Oxford University Press, 1984).

Referências

Livros

Abell, Derek. *Defining the Business: The Starting Point of Strategic Planning*. Nova York: Prentice-Hall, 1980.

Amram, Martha e Nalin Kulatilaka. *Real Options. Managing Strategic Investment in an Uncertain World*. Boston: Harvard Business School Press, 1999.

Burrough, Bryan. *Barbarians at the Gate: The Fall of RJR Nabisco*. Nova York: HarperCollins, 1991.

Carroll, Glenn R. e Michael T. Hannon. *The Demography of Corporations and Industries*. Princeton, NJ: Princeton University Press, 2000.

Chandler, Alfred D., Jr. *Scale and Scope: The Dynamics of Industrial Capitalism*. Cambridge: The Belknap Press of Harvard University Press, 1990.

Chesbrough, Henry. *Open Innovation*. Boston: Harvard Business School Press, 2003.

Christensen, Clayton M. *The Innovator's Dilemma: When New Technologies Cause Great Firms to Fail*. Boston: Harvard Business School Press, 1997.

Cody, Thomas G. *Innovating for Health: The Story of Baxter International*. Deerfield, IL: Baxter International Inc., 1994.

Collins, Douglas. *America's Favorite Food: The Story of Campbell Soup Company*. Nova York: Harry N. Adams, 1994.

Collins, James C. e Jerry I. Porras. *Built to Last: Successful Habits of Visionary Companies*. Nova York: HarperBusiness, 1997.

Collins, Jim. *Good to Great.* Nova York: HarperBusiness, 2001.

Davies, S. et al. *The Dynamics of Market Leadership in the U.K. Manufacturing Industry 1979-1986.* Londres: Centre for Business Strategy, 1991.

Day, George S. e David J. Reibstein. *Wharton on Dynamic Competitive Strategy.* Nova York: John Wiley & Sons, 1997.

de Geus, Arie. *The Living Company.* Boston: Harvard Business School Press, 1997.

Dell, Michael (com Catherine Fredman). *Direct from Dell: Strategies That Revolutionized an Industry.* Nova York: HarperBusiness, 1999.

Evans, Philip e Thomas S. Wurster. *Blown to Bits: How the New Economics of Information Transforms Strategy.* Boston: Harvard Business School Press, 1999.

Farkas, Charles M. Philippe, De Backer e Allen Sheppard. *Maximum Leadership: The World's Top Leaders Discuss How They Add Value to Companies.* Londres: Orion, 1995.

Goold, Michael, Andrew Campbell e Marcus Alexander. *Corporate-Level Strategy: Creating Value in the Multibusiness Company.* Nova York: John Wiley & Sons, 1994.

Grove, Andrew S. *Only the Paranoid Survive: How to Exploit the Crisis Points That Challenge Every Company.* Nova York: Bantam Books, 1999.

Grover, Ron. *The Disney Touch: Disney, ABC & the Quest for the World's Greatest Media Empire.* Chicago: Irwin Professional Publishing.

Hamel, Gary. *Leading the Revolution.* Boston: Harvard Business School Press, 2000.

Hamel, Gary e C. K. Prahalad. *Competing for the Future.* Boston: Harvard Business School Press, 1994.

Hannan, Michael T. e John Freeman. *Organizational Ecology.* Cambridge: Harvard University Press, 1989.

Harding, David e Sam Rovit. *Mastering the Merger: Four Critical Decisions that Make or Break the Deal.* Boston: Harvard Business School Press, 2004.

Harvard Business Review on Strategies for Growth. Boston: Harvard Business School Press, 1998.

Imparato, Nicholas e Creu Harari. *Jumping the Curve.* San Francisco: Jossey-Bass Publishers, 1994.

Jackson, Tim. *Inside Intel.* Nova York: Penguin Books, 1997.

Jacobson, Gary e John Hillkirk. *Xerox: American Samurai.* Nova York: Collier Books, Macmillan Publishing, 1986.

Janus, Irving. *Groupthink.* Boston: Houghton Mifflin, 1982.

Jonash, Ronald S. e Tom Sommerlatte. *The Innovation Premium.* Nova York: Perseus Books, 1999.

Kaplan, Robert S. e David P. Norton. *The Balanced Scorecard: Translating Strategy into Action*. Boston: Harvard Business School Press, 1996.

Katz, Donald. *Just Do It*. Holbrook, MA: Adams Media Corp., 1997.

Keegan, John. *The Mask of Command*. Nova York: Viking-Elisabeth Sifton Books, 1987.

Keynes, John Maynard. *A Treatise on Probability*. Londres: Macmillan, 1921.

Kim, W. Chan e René Mauborgne. *Blue Ocean Strategy*. Boston: Harvard Business School Press, 2005.

Leonard-Barton, Dorothy. *Wellsprings of Knowledge*. Cambridge: Harvard Business School Press, 1995.

Lorsch, Jay W. e Thomas J. Tierney. *Aligning the Stars: How to Succeed When Professionals Drive Results*. Boston: Harvard Business School Press, 2002.

Magretta, Joan (org.) *Managing in the New Economy*. Boston: Harvard Business School Press, 1999.

Markides, Constantinos C. *Diversification, Refocusing, and Economic Performance*. Cambridge: MIT Press, 1995.

Markides, Constantinos C. e Paul A. Geroski. *Fast Second: How Smart Companies Bypass Radical Innovation to Enter and Dominate New Markets*. San Francisco: Jossey-Bass, 2004.

Mintzberg, Henry. *The Rise and Fall of Strategic Planning*. Nova York: Prentice--Hall, 1994.

Montgomery, Cynthia A. e Michael E. Porter (orgs.) *Strategy: Seeking and Securing Competitive Advantage*. Boston: Harvard Business School Press, 1991.

Moore, Geoffrey A. *Inside the Tornado: Marketing Strategies from Silicon Valley's Cutting Edge*. Nova York: HarperBusiness, 1995.

_____. *Crossing the Chasm: Marketing and Selling High-Tech Products to Mainstream Consumers*. Nova York: HarperBusiness, 1999.

Olson, Matthew S. e Derek van Bever. *Stall Points: Most Companies Stop Growing – Yours Doesn't Have To*. New Haven, CT: Yale University Press, 2008.

Peters, Thomas J. e Robert H. Waterman, Jr. *In Search of Excellence: Lessons from America's Best-Run Companies*. Nova York: Harper & Row Publishers, 1982.

Porter, Michael E. *Competitive Strategy*. Nova York: Free Press, 1980.

_____. *Competitive Advantage*. Nova York: Free Press, 1985.

Pottruck, David S. e Terry Pearce. *Clicks and Mortar: Passion-Driven Growth in an Internet-Driven World*. San Francisco: Jossey-Bass Publishers, 2000.

Quinn, James Brian, Jordan J. Baruch e Karen Anne Zien. *Innovation Explosion: Using Intellect and Software to Revolutionize Growth Strategies*. Nova York: Free Press, 1997.

Ravenscroft, DavidJ, Robert D. Buzzell e Bradley T. Gale. *The PIMS Principles: Linking Strategy to Performance.* Nova York: Free Press, 1987.

Read, Donald. *The Power of News: The History of Reuters,* 2d ed. Oxford: Oxford University Press, 1999.

Reichheld, Frederick F. *The Loyalty Effect: The Hidden Force Behind Growth, Profits, and Lasting Value.* Boston: Harvard Business School Press, 1996.

_____. *Loyalty Rules!* Boston: Harvard Business School Press, 2001.

_____. *The Ultimate Question: Driving Good Profits and True Growth.* Boston: Harvard Business School Press, 2006.

Rothschild, Michael. *Bionomics: Economy as Ecosystem.* Nova York: Henry Holt. 1990.

Rumelt, Richard P., Dan E. Schendel e David J. Teece (orgs.) *Fundamental Issues in Strategy: A Research Agenda.* Boston: Harvard Business School Press, 1994.

Sadtler, D., Campbell, A. e Richard Koch. *Break Up!* Oxford: Capstone Publishing, 1997.

Schrage, Michael. *Serious Play: How the World's Best Companies Simulate to Innovate.* Cambridge: Harvard Business School Press, 2000.

Schumpeter, Joseph. *Capitalism, Socialism and Democracy.* Nova York: Harper, 1942.

Shapiro, C. e Hal R. Varian. *Information Rules: A Strategic Guide to the Network Economy.* Boston: Harvard Business School Press, 1999.

Shiller, Robert. *Irrational Exuberance.* Princeton: Princeton University Press, 2000.

Sirower, Mark L. *The Synergy Trap: How Companies Lose the Acquisition Game.* Nova York: Free Press, 1997.

Slater, Robert. *Jack Welch and the GE Way.* Nova York: McGraw-Hill, 1999.

Slywotzky, Adrian J. *Value Migration: How to Think Several Moves Ahead of the Competition.* Boston: Harvard Business School Press, 1995.

Slywotsky, Adrian e Wise, Richard. *How to Grow When Markets Don't.* Nova York: Warner Business Books, 2003.

Stalk, George Jr. e Thomas M. Hout. *Competing Against Time: How Time-Based Competition is Reshaping Global Markets.* Nova York: Free Press, 1990.

Stemberg, Thomas S. *Staples for Success.* Santa Monica, CA: Knowledge Exchange, 1996.

Stewart, G. Bennett III. *The Quest for Value.* Nova York: Stern/Stewart, 1993.

Sun-Tzu. *The Art of War.* Londres: Oxford University Press, 1984.

Swisher, Kara. *aol.com.* Nova York: Random House, 1998.

Tichy, Noel M. e Stratford Sherman. *Control Your Destiny or Someone Else Will.* Londres: HarperCollins, 1995.

Utterback, James M. *Mastering the Dynamics of Innovation*. Boston: Harvard Business School Press, 1994.

Viguerie, P., Smit, S. e Mehrdad Baghai. *The Granularity of Growth: How to Identify the Sources of Growth and Drive Enduring Company Performance*. Hoboken, NJ: John Wiley & Sons, Inc., 2008.

Wilson, Edward O. *The Diversity of Life*. Cambridge: Harvard University Press, 1992.

Zook, Chris. *Beyond the Core: Expand Your Market Without Abandoning Your Roots*. Boston: Harvard Business School Press, 2004.

Zook, Chris. *Unstoppable: Finding Hidden Assets to Renew the Core and Fuel Profitable Growth*. Boston: Harvard Business School Press, 2007.

Artigos

Abell, Derek F. "Competing Today While Preparing for Tomorrow". *Sloan Management Review*, primavera de 1999.

Anslinger e Thomas E. Copeland. "Growth Through Acquisitions: A Fresh Look". *Harvard Business Review*, janeiro-fevereiro de 1996.

Avila, Joe, Nat Mass e Mark Turchan. "Keys to Profitable Growth". *The McKinsey Quarterly*, n. 1 (1996).

Baden-Fuller, Charles e Henk W. Volberda. "Strategic Renewal: How Large Complex Organizations Prepare for the Future". *International Studies of Management & Organization*, 22 de junho de 1997.

Bain & Company. "The Value of Online Customer Loyalty and How You Can Capture It". *Monograph*, Bain & Company, Boston, 2000.

Bary, Andrew. "Why Catch a Knife?" *Barron's*, 6 de outubro de 1997.

Bechek, Bob e Chris Zook. "The Jenga Phenomenon". White paper, Bain & Company, Boston, 1999.

Beinhocker, Eric D. "Robust Adaptive Strategies". *Sloan Management Review*, primavera de 1999.

Berger, Philip e Eli Ofek. "Diversification's Effect on Firm Value". *Journal of Financial Economics*, 37 (1995).

Beugre, Constant D. "Implementing Business Process Reengineering". *Journal of Applied Behavioral Science*, 34, n. 3 (1998).

Bower, Joseph L. e Clayton M. Christensen. "Disruptive Technologies: Catching the Wave". *Harvard Business Review*, janeiro-fevereiro de 1995.

Brian, W. Arthur. "Increasing Returns and the New World of Business". *Harvard Business Review*, julho-agosto de 1996.

Brooks, Rick. "UPS's New eVentures Unit Plans to Expand Logistics Business". *Wall Street Journal,* 7 de fevereiro de 2000.

Buxton, Phil. "New Medicine". *Marketing Week,* 26 de outubro de 1999.

Campbell, Andrew, Michael Goold e Marcus Alexander. "Corporate Strategy: The Quest for Parenting Advantage". *Harvard Business Review,* março-abril de 1995.

Campbell, Andrew, Michael Goold e Marcus Alexander. "Corporate Strategy: The Quest for Parenting Advantage". *Harvard Business Review,* março-abril de 1995.

Caves, Richard E., B. T. Gale e Michael E. Porter. "Interfirm Profitability Differences". *Quarterly Journal of Economics,* novembro de 1977.

Chandy, Rajesh K. e Gerald J. Tellis. "Organizing for Radical Product Innovation: The Overlooked Role of Willingness to Cannibalize". *Journal of Marketing Research,* novembro de 1998.

Charan, Ram e Geoffrey Colvin. "Why CEOs Fail". *Fortune,* 21 de junho de 1999.

Collis, David J. e Cynthia A. Montgomery. "Competing on Resources: Strategy in the 1990s". *Harvard Business Review,* julho-agosto de 1995.

Comment, Robert e Gregg A. Jarrell. "Corporate Focus and Stock Returns". *Journal of Financial Economics,* 37 (1995).

Corporate Strategy Board. "Stall Points: Barriers to Growth for the Large Corporate Enterprise". Monografia, The Advisory Board Company, Washington, DC, 1997.

Courtney, Hugh, Jane Kirkland e Patrick Viguerie. "Strategy Under Uncertainty" *Harvard Business Review,* novembro-dezembro de 1997.

D'Aveni, Richard A. "Strategic Supremacy through Disruption and Dominance". *Sloan Management Review,* primavera de 1999.

Day, George S. "Creating a Market Driven Organization". *Sloan Management Review,* outono de 1999.

de Geus, Arie. "The Living Company". *Harvard Business Review,* março-abril de 1997.

DeLlosa, Patty. "How Coke Is Kicking Pepsi's Can". *Fortune,* 28 de outubro de 1996.

Dolan, Kerry A. "Judo Attack". *Forbes,* 9 de março de 1998.

Drucker, Peter F. "The Information Executives Truly Need". *Harvard Business Review,* janeiro-fevereiro de 1995.

Eisenhardt, Kathleen M. e Shona L. Brown. "The Art of Continuous Change: Linking Complexity Theory and Time-Paced Evolution in Relentlessly Shifting Organizations". *Administrative Science Quarterly,* março de 1997.

_____. "Time Pacing: Competing in Markets That Won't Stand Still". *Harvard Business Review*, março-abril de 1998.

_____. Patching: Restitching Business Portfolios in Dynamic Markets". *Harvard Business Review*, maio-junho de 1999.

Evans, Philip B. e Thomas S. Wurster. "Strategy and the New Economics of Information". *Harvard Business Review*, setembro-outubro de 1997.

_____. "Getting Real About Virtual Commerce". *Harvard Business Review*, novembro-dezembro de 1999.

Farkas, Charles M. e Bob Bechek. "Rebuilding Banking Piecemeal, On Web". *American Banker*, 28 de maio de 1999.

Farkas, Charles M., e Suzy Wetlaufer. "The Ways Chief Executive Officers Lead". *Harvard Business Review*, maio-junho de 1996.

"Fear of the Unknown". *Economist*, 4 de dezembro de 1999.

Finkelstein, Sydney e Shade H. Sanford. "Learning from Corporate Mistakes: The Rise and Fall of Iridium". *Organizational Dynamics*, novembro de 2000. 138-148.

Finnie, William C. "A Four-Cycle Approach to Strategy Development and Implementation". *Strategy & Leadership*, janeiro-fevereiro de 1997.

Fisher, Anne B. "Making Change Stick". *Fortune*, 17 de abril de 1995.

Fortune 500. *Fortune*, 26 de abril de 1999.

Gadiesh, Orit e James L. Gilbert. "How to Map Your Industry's Profit Pool". *Harvard Business Review*, maio-junho de 1998.

_____. "Profit Pools: A Fresh Look at Strategy". *Harvard Business Review*, maio-junho de 1998.

Geroski, Paul A. "Early Warning of New Rivals". *Sloan Management Review*, primavera de 1999.

Goldsmith, Charles. "A Dying Lens Maker Zooms Back". *Wall Street Journal*, 23 de março de 2000.

Goold, Michael e Andrew Campbell. "Many Best Ways to Make Strategy". *Harvard Business Review*, novembro-dezembro de 1987.

_____. "Desperately Seeking Synergy". *Harvard Business Review*, setembro-outubro de 1998.

Hamel, Gary. "Strategy as Revolution". *Harvard Business Review*, julho-agosto de 1996.

_____. "Killer Strategies That Make Shareholders Rich". *Fortune*, 23 de junho de 1997.

_____. "Opinion: Strategy Innovation and the Quest for Value". *Sloan Management Review*, inverno de 1998.

Hamel, Gary e C. K. Prahalad. "Competing for the Future". *Harvard Business Review*, julho-agosto de 1994.

Hannan, Michael T. e John Freeman. "Structural Inertia and Organizational Change". *American Sociological Review*, abril de 1984.

Harrison, Brian. "How to Fail at Reengineering". *Directors & Boards*, outono de 1994.

Hart, Stuart L. e Mark B. Milstein. "Global Sustainability and the Creative Destruction of Industries". *Sloan Management Review*, outono de 1999.

Henderson, Bruce D. "The Origins of Strategy". *Harvard Business Review*, novembro-dezembro de 1989.

Holstein, William J. "The Dot Com within Ford". *U.S. News & World Report*, 7 de fevereiro de 2000.

"How to Live Long and Prosper". *Economist*, 10 de maio de 1997.

Kaplan, Robert S. e David P. Norton. "The Balanced Scorecard: Measures That Drive Performance". *Harvard Business Review*, janeiro-fevereiro de 1992.

Kim, W. Chan e Renee Mauborgne. "Value Innovation: The Strategic Logic of High Growth". *Harvard Business Review*, janeiro-fevereiro de 1997.

_____. "When Competitive Advantage Is Neither". *Wall Street Journal*, Managers Journal, 21 de abril de 1997.

_____. "Strategy, Value Innovation and the Knowledge Economy". *Sloan Management Review*, primavera de 1999.

Knight, Charles F. "Emerson Electric: Consistent Profits, Consistently". *Harvard Business Review*, janeiro-fevereiro de 1992.

Kotter, John P. "Leading Change: Why Transformational Efforts Fail". *Harvard Business Review*, março-abril de 1995.

Larson, Paul. "Advanced Micro Devices, Inc.: How Did It Find Trouble?" 5 de março de 1999. <www.fool.com> (15 de novembro de 1999).

Leonard, Russell L., Jr. "Reengineering: The Missing Links". *Human Resource Planning*, 19, n. 4 (1996).

Leonard-Barton, Dorothy. "Core Capabilities and Core Rigidities: A Paradox in Managing New Product Development". *Strategic Management Journal*, 13 (1992).

Lipin, Steven e Nikhil Deogun. "Pepsi Announces Spinoff of Eateries, and Stock Soars'". *Wall Street Journal*, 24 de janeiro de 1997.

_____. "Pepsi Shares Leap on Report of Spinoff of Restaurant Unit". *Wall Street Journal Europe*, 24 de janeiro de 1997.

Mankins, Michael C., David Harding e Rolf Magnus Weddigen. "How the Best Divest". *Harvard Business Review*, outubro de 2008.

Markides, Constantinos C. "Strategic Innovation". *Sloan Management Review,* primavera de 1997.

_____. "To Diversify or Not To Diversify". *Harvard Business Review,* novembro--dezembro de 1997.

_____. "Strategic Innovation in Established Companies". *Sloan Management Review,* primavera de 1998.

_____. "A Dynamic View of Strategy". *Sloan Management Review,* primavera de 1999.

Marshall, Cheri T. e Robert D. Buzzell. "PIMS and the FTC Line-Of-Business Data: A Comparison". *Strategic Management Journal,* 11 (1990).

McCormack, Jay. "Amazing Grace: ServiceMaster Industries, Inc.". *Forbes,* 17 de junho de 1985.

Micklethwait, John e Adrian Wooldridge. "Oxford Dons vs. Management Gurus". *Wall Street Journal,* 8 de novembro 1996.

Mintzberg, Henry e Joseph Lampel. "Reflecting on the Strategy Process". *Sloan Management Review,* primavera de 1999.

Monk, Nina. "Title Fight". *Fortune,* 21 de junho de 1999.

Morgenson, Gretchen. "On the Acquisitions Road, Stay Alert to the Hazards". *Sunday New York Times,* 10 de outubro de 1999.

O'Reilly, Brian. "They've Got Mail: UPS vs. FedEx". *Fortune,* 7 de fevereiro de 2000.

Orwall, Bruce e Matthew Rose. "Disney Held Talks with Conde Nast, Hearst to Sell Fairchild Magazine Unit". *Wall Street Journal,* 16 de agosto de 1999.

Pham, Alex. "Microsoft Targets America's Gamers". *Boston Globe,* 11 de março de 2000.

Porter, Michael E. "From Competitive Advantage to Corporate Strategy". *Harvard Business Review,* maio-junho de 1987.

_____. "What Is Strategy?" *Harvard Business Review,* novembro-dezembro de 1996.

Prahalad, C. K. e Gary Hamel. "Core Competence of the Corporation". *Harvard Business Review,* maio-junho de 1990.

Prahalad, C. K. e Venkatram Ramaswamy. "Co-opting Customer Competence". *Harvard Business Review,* janeiro-fevereiro de 2000.

Quinn, Sue. "Nokia Share Price Stays Upwardly Mobile". *Sun Herald,* 23 de janeiro de 2000.

Raynovich, R. Scott. "Intel's Got Internet Inside". *Redherring.com,* 11 de agosto de 1999.

Reidyo, Chris. "Gillette Sells Its Stationery Line". *Boston Globe,* 23 de agosto de 2000.

Reingold, Jennifer. "Doesn't Work, Doesn't Matter". *Business Week,* 31 de maio de 1999.

Rigby, Darrell K. "What's Today's Special At the Consultants' Café?" *Fortune,* 7 de setembro de 1998.

_____. "Management Tools & Techniques 1999: An Executive's Guide". Bain & Company, Boston, 1999.

_____. "Winning in Turbulence: Strategies for Success in Tumultuous Times". Bain & Company, Boston, 1999.

Rigby, Darrell e Chris Zook. "Open Market Innovation". *Harvard Business Review,* outubro de 2002, 80-89.

Rumelt, Richard P. "Diversification Strategy and Profitability". *Strategic Management Review,* 3 (1982).

_____. "How Much Does Industry Matter?". *Strategic Management Review,* 12 (1991).

Schmalensee, Richard. "Do Markets Differ Much?". *American Economic Review,* junho de 1985.

"Shareholder Scoreboard". *Wall Street Journal,* 24 de fevereiro de 2000.

Sheff, David. "Sony's Plan for World Recreation". *Wired,* novembro de 1999.

Silberman, Steve. "Just Say Nokia". *Wired,* setembro de 1999.

Simison, Robert L., Fara Warner e Gregory L. White. "Big Three Car Makers Plan Net Exchange-GM, Ford, DaimlerChrysler to Create a Single Firm to Supply Auto Parts". *Wall Street Journal,* 28 de fevereiro de 2000.

Simons, Fran. "Transforming Change". *Australian Financial Review,* 26 de março de 1999.

Sirower, Mark. "What Acquiring Minds Need to Know". *Wall Street Journal,* 22 de fevereiro de 1999.

Sloan, Allan. "80's Deals Showed American Express Could Use a Dose of Street Smarts". *Washington Pose,* 16 de março de 1993.

Sohr, Steve. "Again, It's Microsoft vs. the World". *New York Times,* 13 de fevereiro de 2000.

"Spinning It Out at Thermo Electron". *Economist,* 12 de abril de 1997.

Stalk, George Jr., David K. Pecaut e Benjamin Burnett. "Breaking Compromises, Breakaway Growth". *Harvard Business Review,* setembro-outubro de 1996.

Stalk, George Jr., David K. Pecaut e Benjamin Burnett. "Breaking Compromises, Breakaway Growth". *Harvard Business Review,* setembro-outubro de 1996.

Stewart, Thomas A. "Reengineering: The Hot New Managing Tool". *Fortune,* 23 de agosto de 1993.

Stewart, Thomas A. e Julia Kirby. "The Institutional Yes: An Interview with Jeff Bezos". *Harvard Business Review*, outubro de 2007.

Teece, David J., Gary Pisano e Amy Shuen. "Dynamic Capabilities and Strategic Management". *Strategic Management Journal*, 18 (1997).

Useem, Jerry. "Internet Defense Strategy: Cannibalize Yourself". *Fortune*, 6 de setembro de 1999.

Vishwanath, Vijay e Jonathan Mark. "Your Brand's Best Strategy". *Harvard Business Review*, maio-junho de 1997.

Wensley, Robin. "Explaining Success: The Rule of Ten Percent and the Example of Market Share". *Business Strategy Review*, 8, n. I (1997).

WorldScope Database provided by Disclosure First Contact. One of the most comprehensive data sources on public companies worldwide, containing financial information on more than 8.800 companies.

Wysocki, Bernard Jr. "Corporate America Confronts the Meaning of a 'Core Business'". *Wall Street Journal*, 9 de novembro de 1999.

Yoffie, David B. e Michael A. Cusumano. "Judo Strategy: The Competitive Dynamics of Internet Time". *Harvard Business Review*, janeiro-fevereiro de 1999.

Zook, Chris. "Finding Your Next core Business". *Harvard Business Review*, abril de 2007.

Zook, Chris e James Allen. "Growth Outside the Core". *Harvard Business Review*, dezembro de 2003.

CONHEÇA OUTROS LIVROS DA ALTA BOOKS!